Venedig und Lido

als Klimakurort und Seebad vom Standpunkt des Arztes.

Von

Dr. med. Johannes Werner,
deutschem Arzt in Venedig-Lido.

Mit 1 dreifarbigen Übersichtskarte.

Springer-Verlag Berlin Heidelberg GmbH 1912

ISBN 978-3-662-31788-4 ISBN 978-3-662-32614-5 (eBook)
DOI 10.1007/978-3-662-32614-5

Ursprünglich erschienen bei Julius Springer in Berlin 1912

Vorwort.

Der Zweck des kleinen Buches ist, dem Arzt, der Leidende zu beraten hat, dem Ruhebedürftigen, der nach eigener Wahl seinen Erholungsort bestimmt, eine klare objektive Schilderung von Natur und Klima der Lagunenstadt zu geben, die auf langjährigem Studium erfahrener Beobachter und gründlichen wissenschaftlichen Untersuchungen aus den letzten Jahrzehnten fußt. Die Ausnahmestellung, die Venedig in der Kulturwelt einnimmt, die eigenartigen Grundlagen seiner hygienischen Vorzüge und die Fülle von interessanten Fragen die daraus entspringen, rechtfertigt wohl den Versuch. Möge die kleine Arbeit der schönen Stadt und ihrer grünen Insel zu den alten viele neue Freunde werben.

Venedig-Lido, im Juni 1912.

Dr. Werner.

Inhaltsverzeichnis.

(Die eingeklammerten Zahlen im Text verweisen auf das Literaturverzeichnis S. 75.)

Einleitung.

Es gibt wenig Städte, deren Natur, Bauart und Lebensbedingungen dem Besucher so fremd sind wie Venedig. Die Lage mitten im Meer, das mit Ebbe und Flut seine Fundamente umspült, der Verkehr auf den Wasserstraßen, das Fehlen von Wagenlärm, die schmalen Gassen mit den leichtgeschwungenen Brücken, auf denen nur der Fußverkehr hin und her flutet, Seeluft von allen Seiten sind nur Venedig eigen. Das Fremde gibt Rätsel auf und deren hat die Stadt mit ihrer Lagune selbst für den Einheimischen unzählige.

Zu diesen Rätseln gehörte einstmals auch die Frage, welchen Ursachen Venedig und der Lido seine günstige Einwirkung auf viele Krankheiten verdanken. Es existiert aus dem Beginn unserer Zeitrechnung ein Bericht des römischen Schriftstellers Strabo (5), der von der Lagunengegend berichtet: „Die Flut überschwemmt einen großen Teil der Ebene; beim Rückfluß zieht sie allen Unrat und alles Sumpfwasser mit sich und reinigt damit den Grund der Lagune. Deshalb ist die Luft überall sehr gesund, was Wunder nimmt bei der Feuchtigkeit des Bodens und den Sümpfen in der Umgebung. Die Kaiser schickten deshalb ihre Gladiatoren hierher, um sie gesund und kräftig zu erhalten.“ Auch später wird immer wieder in alten Dokumenten die auffallende Tatsache betont, daß Venedig und der Lido sich durch Gesundheit auszeichnen, trotzdem damals die Umgebung der Lagune weit hinauf bis nach Aquileja, südlich bis Ravenna, eine der schlimmsten Fiebergegenden Italiens war.

Die Erklärung des alten Römers gibt uns einen der Faktoren, die Venedig zu einer gesunden Stadt machen, und nicht den geringsten. Wenn wir aber heutzutage die klimatisch-hygienische Physiognomie einer Stadt und ihrer Umgebung zeichnen, müssen wir alle Punkte untersuchen, die nach dem heutigen Stand der

Wissenschaft für die Klimatotherapie von Bedeutung sind. Klimatische Einwirkungen auf Gesunde und Kranke sind sehr komplizierte Vorgänge, und für den Arzt, der seine Kranken zu beraten hat, ist es immer von Wert, wenn er den Charakter eines Kurorts nicht nur aus einem Schlagwort, einer allgemeinen Rubrik kennt, sondern aus einer genauen Schilderung aller Einzelheiten sich selbst ein Urteil darüber bilden kann, wie sich der Ort für den einzelnen Krankheitsfall eignet. Wenn ein Kind — um ein Beispiel zu nennen — in ein Seebad geschickt wird, ist es nicht gleichgültig, ob dort Sand- oder Felsstrand, starker oder leichter Wellengang ist, und wenn aus der Kenntnis der meteorologischen Veränderungen hervorgeht, daß gerade der zur Kur bestimmte Monat sehr unbeständige Witterung hat, so kann die ganze Heilwirkung des Aufenthalts daran scheitern, daß das Kind drei Viertel der ganzen Zeit zu Hause statt im Freien zubringen muß.

Es gibt unter den klimatischen Kurorten vielfach Gruppen ähnlichen Charakters; man nennt gewöhnlich die Nordsee- oder Ostseebäder, ebenso die Orte der östlichen und westlichen Riviera in einem Atem als gleichwertig; die Unterschiede sind meist geringfügig, so daß nicht jeder einzelne Ort eine Individualität bildet. Kontinentale Orte haben oft einen wenig scharf zu bestimmenden klimatischen Charakter, sie unterliegen von einem zum andern Jahr ganz erheblichen Wechseln und können deshalb häufig kein einheitliches Bild geben. Andere aber nehmen eine ganz individuelle Stellung ein, zeigen von Jahr zu Jahr eine große Gleichmäßigkeit im Ablauf der meteorologischen Veränderungen, und zu diesen gehört Venedig - Lido. In vielem hat es einen wesentlich anderen Charakter als die bekannten Küstenorte des mittelländischen Meeres, auch als die nicht weit entfernten istrisch-dalmatinischen Küstenplätze auf der östlichen Seite der Adria. Die Sonderstellung verdankt es zum Teil seiner geographischen Lage im nördlichen Ende des adriatischen Meeres in ihren Beziehungen zum Gebirge, zur Tiefebene und den Flüssen, zumeist aber der ganz unvergleichlichen Lage im Meer, die der Stadt mit ihrer Umgebung nicht nur für den Freund von Natur und Kunst, sondern besonders auch für den Arzt und Hygieniker ein besonderes Interesse verleiht.

Geographie und Geologie.

Die Ströme, die vom Südrand der Alpen sich in die oberitalienische Tiefebene ergießen, münden im nordwestlichen Teil des Adriatischen Meeres zwischen den Julischen Alpen und dem Apennin. Die Mündungszone aller dieser Ströme von Aquileja bis Ravenna ist ein unregelmäßig zerschnittenes, halb dem Lande, halb dem Meer angehöriges Gebiet, das im Laufe der Jahrtausende unzählige Wechsel durchgemacht hat, in dem auch in geschichtlicher Zeit Städte entstanden und versunken, Seestädte zu Landstädten geworden sind, Flüsse ihren Lauf verändert haben und Land zu Meer, Meer zu Land geworden ist.

Hinter der bald scharfgezeichneten, bald unregelmäßigen Küstenlinie — wo sie nur einen schmalen Streifen bildet, führt sie die Bezeichnung „Lido" — dehnen sich streckenweise große, seichte Wasserflächen, Lagunen genannt. Einst sollen sie so zusammenhängend und ausgedehnt gewesen sein, daß man fast das ganze Lagunengebiet von Ravenna bis Aquileja zu Schiff befahren konnte. Jetzt bestehen nur noch einzelne, in sich geschlossene Lagunen, unter denen die größten die von Comachio südlich vom Po und die Lagune von Venedig sind. Im Süden bei Ravenna ist vieles, was einst Lagune war, zu tiefliegendem, Überschwemmungen ausgesetztem Land geworden.

Der größere Teil der Lagunengebiete hat nie große geschichtliche Bedeutung besessen, oder hat sie, wie Aquileja und Ravenna gänzlich verloren. Nur die Lagune in der die alten Veneter ihre Städte Venedig, Torcello, Burano, Murano, Chioggia und das längst verschwundene Altino gegründet haben, ist im Mittelalter der Schauplatz einer gewaltigen Geschichte gewesen und hat auch heute noch ihre Bedeutung nicht verloren. Die glücklichen geographischen Verhältnisse haben die Lagune groß gemacht, die jahrhundertelange Arbeit der Bewohner hat sie im ganzen Umfang erhalten, und beidem verdankt sie die Bewahrung ihrer Gesundheit, so daß sie nicht dem Schicksal der berühmten alten Römerstädte verfiel, die jetzt in die sumpfigen Niederungen zurückgerückt, durch ihr ungesundes Klima selbst die geringe Bedeutung, die sie noch besitzen, Schritt für Schritt verlieren. In der Lagune von Venedig hat in zähem Kampf die Arbeit der menschlichen Hand dem Wechsel der Zeiten Einhalt geboten und die zerstörende Macht der Elemente von den Städten in ihrem Schoße abgewandt. So ist der alten Seestadt, wenn auch in anderem Sinne als früher, ihre Stellung als Handels- und Kriegshafen erhalten geblieben.

Die Lagune von Venedig bedeckt eine Fläche von 571 qkm. Ihre größte Länge von der Mündung des Sile im Norden bis zum Parador di Brondolo südlich bei Chioggia ist 48 km; westlich reicht sie bis zum Brentakanal, der fast in der Richtung des Längengrades verläuft, östlich bis zum Ufer des Adriatischen Meeres mit einer größten Breite von 14 km. Es war noch eins der letzten Werke der sterbenden Republik auf dem Gebiete der Lagunenarbeiten, die Grenze ihrer Lagune festzulegen. Nach jahrelangen Vorstudien wurde sie 1791 durch 100 Grenzpfeiler bezeichnet, die den Löwen von S. Marco und die Inschrift: Conterminazione lagunare — oder — argine di conterminazione (Grenzdamm) tragen. Das Gebiet faßt in sich Städte, Inseln, Kanäle, Untiefen, Bänke, Salzseen, Fischgründe und bepflanztes Gebiet.

Geologisch betrachtet ist dieses große Wasserbecken mit seiner unregelmäßigen Umgrenzung, seinem halb von den Fluten bedeckten, halb unbedecktem Grund eine unmittelbare Fortsetzung der großen Tiefebene, die sich in sehr flacher Senkung von den Voralpengebieten gegen das Adriatische Meer hin erstreckt (15).

Der Teil dieser Tiefebene, der an die Lagune grenzt, besteht überall aus Alluvialboden, den großen Massen fester Bestandteile, die in den Niederungen der Flüsse im Laufe der Jahrtausende angeschwemmt worden sind. Es finden sich Schichten verschiedener Dicke von Mergel, Ton, Kreide, Sand, Kieseln und Kies, oft auch ein Konglomerat von mehreren, „Caranto" genannt. Stellenweise trifft man auf einen „Caranto marino", der Muscheln verschiedener, noch lebender Formen enthält, gemischt mit dem Mergelton, den man auch im Grunde der Lagune findet. Man stößt erner auf

Schichten von Torf, die aus ihrer Dicke und Lagerung Schlüsse auf den früheren Zustand der Gegend ziehen lassen. Im ganzen ist dieser Alluvialboden geologisch von wenig Interesse, wichtiger für die Landwirtschaft. Aus dem unregelmäßigen Abwechseln der Schichten läßt sich schließen, daß die Gegend früher leicht gewellt war und die Niederungen sich allmählich mit Alluvialboden gefüllt haben.

Der Grund der Lagune ist eine Fortsetzung des Landes. Eine flache Ebene mit unregelmäßigen Hebungen und Senkungen, von Kanälen durchzogen, ist sie, soweit nicht durch natürliche und Kunsteinflüsse die Erhebungen zu Inseln geworden sind, bei Flut völlig unter Wasser, während bei Ebbe das Wasser zum Teil nur in den Kanälen strömt. Dieses Kommen und Gehen des Wassers läßt den Grund nie zur Ruhe kommen. Immer werden neue Teile zu- und alte weggeschwemmt. Die oberste Schicht bildet überall ein Meerschlamm aus Ton mit Sand gemischt, durchsetzt mit Teilen von Meertieren, Algen und Sumpfpflanzen, kurz, allem was der Strom des Wassers mitschwemmt, zertrümmert, auflöst und zersetzt. Die Schlammschicht ist meist nicht dick, so daß, wer auf den bei Ebbe freiliegenden Untiefen geht, nicht bis zum Knie einsinkt. Der Schlamm, wie er in großen Mengen beim Ausbaggern der Kanäle gewonnen wird, ist wegen seines Reichtums an organischen Stoffen in der Landwirtschaft als Düngemittel sehr beliebt, gibt für Erdaufschüttungen, wenn das Wasser abgeflossen ist, eine ausgezeichnete, feste Bodenmasse und läßt sich auch als Acker- und Gartenboden verwenden. Nur muß dann das Terrain erst 1—2 Jahre dem Regen ausgesetzt sein, der den Salzgehalt auswäscht, ehe Pflanzen darauf fortkommen. In früherer Zeit hat er auch Verwendung in der Medizin gefunden, in derselben Weise, wie jetzt der Fango aus Battaglia und Abano, die Moor- und Schlammbäder in vielen Badeorten und hat gewiß, erwärmt aufgetragen, so gut seine Wirkung getan wie andere Schlammarten. Doch ist der vulkanische Schlamm der nahen Fangobäder vorzuziehen, der nicht gereinigt zu werden braucht, sondern wie er geschöpft ist, im Naturzustand verwendet werden kann. Ob dem Meerschlamm radioaktive Eigenschaften innewohnen, ist meines Wissens bisher nicht untersucht.

Bei tieferen Ausgrabungen findet man wieder den erwähnten „Caranto marino", darunter Schichten von Ton, mehr kreide- als sandhaltig, die zum Teil durch schwärzliche Farbe die Menge organischer, zerfallener Massen, die ihm beigemischt sind, anzeigen, teils vorwiegend Kreide- und Eisenbeimengungen enthalten. Weiter stößt man auf Schichten, die in ähnlicher Weise wie auf dem angrenzenden Festland abwechseln zwischen Ton, Kreide, grob- und feinkörnigem Sand; auch Glimmer findet sich, ferner Kies, Kiesel, „Caranto“ und Torf. Die oberflächlichen Schichten sind natürlich an vielen Stellen durch Grabungen unregelmäßig durcheinander geworfen.

Über die tieferen Schichten geben uns Bohrungen artesischer Brunnen Auskunft, die an den verschiedensten Stellen der Stadt mit Erfolg zu Ende geführt worden sind und häufig in Tiefen von etwa 160 m gelangen. Man findet stets abwechselnde Lager von Sand, Ton und Torf. Diese Reihenfolge wiederholt sich bis zu 4 mal; dabei herrschen die Sandschichten vor und können 30—60 m stark sein. Fossilien sind selten; sie wurden z. B. bei einer Bohrung in den Giardini Publici erst in 60 m Tiefe gefunden. Dies entspricht wohl einem früheren Meeresboden, der sich bis zum jetzigen Niveau allmählich mit Alluvium bedeckt hat. Die meisten Sandschichten enthalten reichlich Süßwasser.

Für die Torfschichten nimmt man einen doppelten Ursprung an. Teils stammen sie von Pflanzen, die die Flüsse mit sich herabgeführt und hier zurückgelassen haben, teils sind es Sumpfpflanzen, die breite Felder bildeten, durch Senkungen des Bodens zugrunde gegangen und mit neuen Schichten Ton oder Sand überdeckt worden sind. Dieser Prozeß hat sich so oft wiederholt als Torfschichten vorhanden sind.

Welchen Gewalten die Entstehung und Erhaltung der Inseln zu danken ist, können wir im Einzelnen nicht sagen. Es hing ab von dem jeweiligen Einströmen der Flüsse, deren Unterlauf sich veränderte, von der Richtung in der der Flutstrom wirkte, zum Teil sind sie wohl aus Salzgärten hervorgegangen, die, wie man aus alten Pfahlfunden schließen zu können glaubt, schon in vorgeschichtlicher Zeit hier existierten. In geschichtlicher Zeit sind die Inseln in ihrer Form und Größe durch die erst primitiven, später vollendeteren Palissaden und Pfahldämme der Bewohner erhalten worden. o sie zu nieder waren, wurden sie mit Schlamm, der von Kanalausgrabungen stammte, aufgefüllt. Die zuletzt entstandene Insel, die jetzige Piazza d'Armi zwischen den Giardini

Publici und der Insel S. Elena ist anfangs der 80er Jahre durch Aufschüttung hergestellt worden.

Es ist verständlich, daß ein so geformter Untergrund durch und durch mit Seewasser durchtränkt ist und als Baugrund nur unter Anwendung einer besonderen Technik verwendet werden kann. Auch bei den tiefsten Bohrungen zur Aufsuchung artesischer Brunnen bis zu 235 m Tiefe fand man nirgends Gestein.

Die ganze Formation des Untergrunds läßt ausschließen, daß in Venedig je ein starkes Erdbeben eintreten könnte.

Die geologischen Veränderungen dauern fort (17). Schon seit den ältesten Zeiten nahm man eine Verschiebung zwischen Wasserlinie und Bodenniveau wahr, die früher irrtümlich als Hebung des Meeresniveaus gedeutet wurde. Filiasi hat 1826 eine Menge Tatsachen zum Beweise dieser Erscheinung gesammelt und wir können seine Beobachtungen, wenn auch mit anderer Deutung, verwerten (6). Hebung des Niveaus in einem Meeresteil allein ist physikalisch nicht möglich, und da von einer allgemeinen Erhöhung des Wasserniveaus im Adriatischen und Mittelländischen Meer nirgends Zeichen zu finden sind, so ist eine sehr langsame Senkung des Bodens von Venedig wie auch des ganzen Küstenstriches zwischen Alpen und Apennin anzunehmen. Schon in uralten Dokumenten vom Jahre 1360 an kehrt die Notiz häufig wieder, daß man Straßen und Plätze erhöhen mußte. Auch gegenwärtig wird kaum irgendwo ein neues Pflaster auf dem alten Niveau gelegt. In allen Stadtteilen findet man bei Bauten und Restaurationen Reste alter Mauern, Fußböden, Treppen tief unter dem Hochwasserspiegel. Im Lagunengebiete sind ganze Städte verschwunden. So waren von der Stadt Heraklea zwischen Piave- und Livenza-Mündung, die 810 und 900 zerstört worden ist, im Jahre 1300 noch Ruinen zu sehen; 1450 ragten noch einige Reste über das Wasser, jetzt findet man kaum mehr die Stelle, wo die Stadt gestanden. Von den zahlreichen Beispielen in der Stadt Venedig selbst erwähne ich nur eins. Die Markuskirche hatte, wie alle Basiliken, eine Unterkirche, die schon 1450 des Wassers wegen kaum mehr zu betreten war und 1569 geschlossen wurde. 1824 fand man einen Teil des Bodens, der offenbar zum Abflusse des oft eindringenden Wassers schräg angelegt war, 38 cm unter der Hochwasserlinie. Bei weiteren Forschungen fand sich 36 cm unter diesem ein zweiter

Boden, also in 74 cm Tiefe. Als die Kirche 829 gebaut wurde, muß dieser Boden wenigstens etwas über der Hochwasserlinie gestanden haben. Man fand dann zugemauert eine zweite Krypta, die sich unter dem Mittelschiffe bis gegen den Eingang hinzieht. Sie wurde nicht ganz erforscht; man fand aber den Boden 89 cm unter dem Wasser.

Vor der Insel S. Giorgio Maggiore fanden sich in der Tiefe 2 Palissadenreihen und eine steinerne Treppe, deren unterste Stufe $9^1/_3$ Fuß, also etwa 3 m unter dem Wasserspiegel liegt. Man hat es wohl hier mit einer sehr alten Saline zu tun. Während man hier das Alter nicht kennt, läßt sich aus der Senkung der Markuskirche berechnen, daß, wenn, wie anzunehmen ist, der Boden der Krypta nur 11 cm über dem Wasserspiegel war, die Senkung in 1000 Jahren 1 m beträgt. Zendrini beobachtete 1732—1796 in 64 Jahren eine Senkung um 2 Zoll. Das gäbe auf 100 Jahre $3^1/_2$ Zoll. So schätzt auch Sabadino 1550 das Fortschreiten der Bodensenkung. Es ist nicht wahrscheinlich, daß die Senkung in Venedig überall gleich schnell fortschreitet, bei der Markuskirche handelt es sich aber um eine Senkung in toto.

Geologisch erklärt sich diese langsame Senkung wohl aus dem großen Wasserreichtum der Alluvialschichten im Boden von Venedig. Verminderung des Wasserdrucks in diesen Schichten läßt sie zusammensinken; weniger einfach läßt sich die Frage beantworten, wodurch dieser Wasserdruck aufrechterhalten wird oder sich vermindert.

Die Lagune.

Vom Bacino S. Marco trägt uns die Gondel aus der schmalen Durchfahrt zwischen San Giorgio maggiore und Giudecca hinaus in die Lagune, auf deren glitzernder Fläche nah und fern grüne Inseln schwimmen. Vor uns dehnt sich ein weites, flaches Meerwasserbecken, dessen Grund bald von Wasser bedeckt ist, bald freiliegende Flächen zur Seite unseres Fahrkanales zeigt. Reihen von Pfählen bezeichnen diese bald breiten und tiefen, bald schmalen und flachen Schiffahrtskanäle der Lagune bis weit hinaus an den Horizont. Von den Hafenmündungen aus verzweigt sich das Kanalnetz nach allen Seiten bis ans Festland, und die Kanäle sind mehrfach miteinander verbunden. Die großen Flächen zwischen ihnen bleiben bei hohem Wasserstand in der sogenannten lebenden Lagune (laguna viva) immer unter Wasser. Sie werden als Untiefen (paludi) bezeichnet. Bei Ebbe liegen sie oft ganz oder teilweise frei. Von dem hohen, weit vorgeschobenen Turme von San Giorgio maggiore oder dem neugebauten Campanile aus lassen sich auch bei Hochwasser Kanäle und Untiefen wie auf einer Landkarte unterscheiden.

In der Nähe des Landes ragen die Flächen zwischen den Kanälen höher heraus und bleiben auch bei Hochwasser unbedeckt. Der Boden dieser Bänke (barene) ist wertlos; nur Sumpfpflanzen und Binsen kommen darauf fort, die zu Streu fürs Vieh dienen. Dagegen ist es ein ergiebiges Jagdrevier für Wasserwild, vor allem Wasserenten, Reiher, Rohrdommeln, Schnepfen, Ibis und vielen anderen[1]). Das ist die tote Lagune (Laguna morta).

Bei extremem Tiefwasserstande können die Untiefen auf längere Zeit außer Wasser sein, bei höchstem Hochwasser dagegen selbst die Bänke unter Wasser stehen, das dann bis zum Festlande, der terra ferma, flutet.

---

[1]) Es ist ein recht beschwerliches Jagdvergnügen. In tief eingegrabenen Fässern versteckt, muß der Jäger oft stundenlang lauern, bis die ausgestellten Lockvögel das Wild schußgerecht herangelockt haben.

Stellenweise erweitern sich die Kanäle zwischen den Bänken zu größeren Seen, Fischgründen (valli), in denen feinere Fischarten gehalten oder Fischbrut aufgezüchtet wird. Sie sind mit Gittern aus Rohrgeflecht umgeben, die je nach der Art der Fischzucht dauernd geschlossen bleiben oder zeitweise geöffnet werden.

Den 5 Hafenmündungen Treporti, S. Erasmo, Lido, Malamocco und Chioggia entsprechen ebensoviele Systeme von Kanälen. Damit teilt sich das eine große Becken in fünf Lagunen desselben Namens, deren jede ihr getrenntes Stromgebiet hat. Die Grenze zwischen den Strömungen zweier Lagunen wird als Wasserscheide (partiacqua) bezeichnet. Der Verkehr in der Lagune macht es nötig, daß einzelne Kanäle die Wasserscheide durchschneiden, doch sind an diesen Punkten geringster Wasserbewegung häufig Baggerungen nötig. Es sind keine feststehenden Linien, sonst müßten sich durch Anhäufung von Schlamm und Sand hier längst natürliche Dämme gebildet haben. Starke Winde von Norden oder Süden können die Wasserscheide in geringen Grenzen verschieben, im ganzen aber schließt sich die Mischung des Wassers zweier Lagunen aus. (Vgl. Übersichtskarte.)

Hygienisch ist dies von Bedeutung; bei der Regelmäßigkeit der Strömungen und Abgrenzungen läßt sich genau berechnen, in welcher Richtung Veränderungen des Wassers durch Süßwasser oder andererseits durch Verunreinigungen, wie sie von menschlichen Ansiedlungen, vor allem von der Stadt Venedig ausgehen, sich geltend machen, und so kann man auch mit Sicherheit verhüten, daß Fischgründe infiziert werden. In der ganzen Lagune von Venedig (laguna di Lido) ist übrigens keine Fischzucht.

Geschichtliches von der Lagune.

Die Lagune ist für die Gesundheit Venedigs so überaus wichtig, daß wir einen kurzen geschichtlichen Rückblick darauf werfen müssen, wie der heutige Zustand allmählich entstanden ist, und welche Kämpfe mit den Naturgewalten nötig waren, um die Lagune zu erhalten. Man kann es den alten Venezianern nachrühmen, daß sie die Wichtigkeit der Erhaltung der Lagune in ihrer ganzen Größe früh erkannten, zunächst aus strategischen Gründen zur Wahrung der Unnahbarkeit ihrer Stadt, später auch aus hygienischen Gründen. Die Wasserbauten, die dazu nötig waren, machten die Venezianer zu großen Technikern auf einem Gebiete, das ihre eigenste Spezialität wurde.

In vorgeschichtlicher Zeit waren wohl immer, wo es nötig schien, den zerstörenden Elementen Einhalt zu gebieten, Dämme und Pfahlwerke gebaut, Kanäle gegraben und vertieft worden [1]). Im Jahre 811 wählte der erste Doge Venedigs, Angelo Partecipazio, 11 Sachverständige (savii), die „die Ufer, Inseln, Untiefen und Bänke sichern und verwahren“ sollten. Mit dem Wachsen der Dominante wurden die Maßregeln gründlicher und umfassender. Vom 14. Jahrhundert an häufen sich Beschlüsse und Dekrete, die die zunehmende Versandung der Lagune verhindern sollten.

Ein verzweifelter Kampf mit den Elementen spricht aus dieser Geschichte. Man sah an den Stellen, wo die Flüsse vom Land einmündeten, die Lagune versanden. Man sah die Hafeneinfahrten bei S. Nicolo und Malamocco flacher werden, daß große Schiffe Mühe hatten einzufahren, man wußte, wie rasch sich da und dort Sandbänke bildeten, wenn der Lauf der Süßwässer und Kanäle durch Pfahldämme geändert wurde.

Im 14. Jahrhundert gab man die Schuld an dem Zustande der Lagune von Venedig (Laguna di Lido) vor allem dem Brentaflusse, der bei Fusina in die Lagune mündete. Um 1324 wurde dort der erste bescheidene Dammbau gemacht, Venedig gegenüber von Bottenigi bis Lama. Dieser Damm, bzw. seine späteren Ergänzungen und Ausbauten, ist heute noch zu sehen; er erstreckt sich von der Stelle, wo die Eisenbahn von Mestre her das Fort Marghera passiert, genau nach Süden. Dies war der erste Versuch, Süß- und Salzwasser zu trennen.

Der unmittelbare Erfolg entsprach den Erwartungen nicht. Man versuchte es mit Schließung der Hafeneinfahrt von S. Erasmo und hoffte damit den 2 anderen Einfahrten, in erster Linie der Lidoeinfahrt, mehr Wasser zuzuführen. Zwischen den Maßregeln von Dammbauten und teilweisem Hafenschluß experimentierte man im 14. und 15. Jahrhundert hin und her; die Brenta wurde bald von der Laguna di Lido abgeleitet, bald wieder der Damm ge-

---

[1]) In einem umfassenden Werk hat der Geschichtsschreiber Zendrini Anfang des 18. Jahrhunderts aus dem großen Staatsarchiv in Venedig alle Dokumente vom Jahre 1303 an, die auf die Lagune Bezug haben, gesammelt (s. Lit. 21).

öffnet. Es galt in erster Linie, in den Einfahrtskanälen, zunächst des Lidohafens, in zweiter Linie desjenigen von Malamocco, die Meerwasserströmung zu erhalten, die für die Durchspülung der Lagunenkanäle notwendig war.

1335 ist zum erstenmal von Maßnahmen zum Schutze des Ufers des Lido gegen das Meer die Rede. Von alters her bestanden sogenannte Sporne (speroni oder palati), die in gewissen Abständen weit hinaus in das Meer reichten, manche bis auf 100 m, und als Wellenbrecher (etwa wie sie auf Norderney bestehen), dienten. Die ersten in der Geschichte erwähnten waren mit ihrer Breite von 10 Fuß und Höhe von 4 Fuß über dem mittleren Meeresspiegel recht mäßige Notbehelfe. Schon nach wenig Jahren ist von neuen Bauten an den Lidi von S. Nicolo, Pastina und Pelestrina die Rede: es wurden jetzt beim Bau der palati 2 Reihen von Eichenpfählen statt der einen eingerammt, durch Querwände in Kästen abgeteilt und diese mit Steinen gefüllt; doch findet man, daß sie leicht vermodern und alle 5 bis 6 Jahre erneuert werden müssen. Sie scheinen aber zum Teil genützt zu haben, da noch 1682 eine solche Palata vom Dorf Malamocco aus 870 m lang ins freie Meer hinaus gebaut wurde. Einzelne sind auch jetzt noch zu sehen.

Mitte des 15. Jahrhunderts fing man dann an, etwas großzügiger nicht bloß die wechselnden Erfahrungen eines Menschenalters, sondern auch die der ganzen Geschichte auf Grund der Dokumente zu benutzen. Von da ab verlautet nichts mehr von der Wiedereinleitung der Flüsse in die Lagune. Man ging etwas weiter, nahm die Brenta-Regulierung von Dolo an in Angriff [1]). Die Ausmündung der Brenta wurde soweit als möglich nach Süden verschoben. 1488 mündete sie in die Lagune von Chioggia und schon 1547 bei Brondolo, südlich von Chioggia, also außerhalb der Lagune direkt ins Meer wie heute. Die Ausführung dieser hydraulischen Pläne war leichter geworden, seit 1509 Padua erobert und damit das ganze Zwischengebiet venezianisch geworden war.

1534 wurde auch im Norden ein Schutzdamm gegen die Piave, der S. Markusdamm (Argine di S. Marco) begonnen und die

---

[1]) Es ist der Mühe wert, sich die Stelle bei Mira an der Kleinbahn Fusina—Padua anzusehen, wo der große Brentakanal nach Süden biegt und wo von dem einstigen Unterlauf der Brenta in Lagunenhöhe die Schiffe durch eine Schleuse in die Brenta gehoben werden.

Arbeiten am Kanal des Königs (taglio del re) in Angriff genommen, einige Jahre später der Parador di Brondolo bei Chioggia, der ursprünglich nur eine künstliche Wasserscheide zum Schutz für die Lagune von Chioggia gewesen war, ausgebaut. Anfang des 17. Jahrhunderts waren die Arbeiten am Brenta-Kanal (taglio novissimo), 1664 nach 22 jähriger Arbeit der Markusdamm und 1683 der taglio del re vollendet, welch letztere beiden die Piave, den Sile und alle nördlicher gelegenen Flüsse von der Lagune ab und bei Cavazucherina ins Meer leiteten. Nur noch einige kleinere Flüßchen, Osellino, Dese, Marzenego, Zero, münden in den nördlichsten Teil der Lagune. So trat vom 18. Jahrhundert an nach der Seite der Terra ferma ein Zustand der Ruhe und Sicherheit ein. Auch die großen Überschwemmungen, die häufig im Frühjahr die oberitalienische Tiefebene, das Abflußgebiet aller der reißenden Alpenströme, heimsuchen, machen an der Lagunengrenze halt, sie können nicht bis nach Venedig gelangen.

Die Eindämmung und Ableitung der Brenta hatte den Hafen von Malamocco eher noch verbessert. Von 1639 an wurde er als Zufluchtshafen benutzt und 1675 die Ausbaggerung eines größeren Schiffahrtskanals von Venedig nach Malamocco beschlossen, der eine breite Verbindung über die Wasserscheide der Lagune von Malamocco und Lido bedeutete; auch suchte man durch weitere Pfahldämme die südliche Einfahrt des Lidohafens zu schützen. All dies verhinderte aber nicht, daß im Laufe des 18. Jahrhunderts der Lidohafen für die große Schiffahrt allmählich ganz unbrauchbar wurde und der von Malamocco völlig an seine Stelle trat.

Dieses Jahrhundert brachte aber nun eine der gewaltigsten Arbeiten in der Lagune, die noch heute das Staunen des Beschauers erregen, die grandiosen Schutzmauern des Lido von Pellestrina, die berühmten Murazzi. Begonnen an dem gefährlichsten Punkt, dem Caroman, nördlich des Hafens von Chioggia, 1782 beendet, dehnen sich diese Ufer-Schutzbauten auf eine Strecke von 20 km aus [1]). Der größte Teil davon, 14 500 m, besteht aus $4^1/_2$ m hohen Erddämmen, oben 3 m breit, gegen das Meer mit großen Felsstücken bekleidet, mit gemauertem Sockel und weit vor-

[1]) 1825 m am Ufer von Sottomarina, 11338 m an dem Lido von Pellestrina in seiner ganzen Länge, 6096 m am Lido von Malamocco, 950 m zwischen den Hafeneinfahrten von S. Erasmo und Lido.

springendem Fuß von riesigen Felsblöcken, die 1 m tief auf den alten Uferbauten ruhen. Ein Teil davon ist der Damm, auf dem man den wundervollen Strandspaziergang vom Lido über Malamocco nach Alberoni macht.

Der imposanteste Teil aber sind die eigentlichen Murazzi, gewaltige Mauern aus istrischem Stein, die in Absätzen gegen das Meer abfallend eine Ausdehnung von 5608 m besitzen und den schwächsten Teil des tief gelegenen Lido von Pellestrina schützen, ja bei dem erwähnten Caroman die einzige Scheidewand zwischen Meer und Lagune bilden.

Die technischen Fortschritte im Schiffbau, der größere Tiefgang der neueren Schiffe machte die Frage der Regulierung der Hafeneinfahrten immer brennender, denn auch der Hafen von Malamocco war nichts weniger als ausgezeichnet. Da kam das Ende der Republik. Napoleon zog als siegreicher Eroberer in die Stadt ein, erkannte auf der Stelle die große Bedeutung Venedigs als Kriegshafen und ordnete nach dem Projekt des Obersten Salvini, das den französischen Kommissären vorgelegt wurde, den Bau einer doppelten Hafenmauer (diga) zu Seiten der Hafeneinfahrt von Malamocco an. Stürmische Zeiten gingen darüber hinweg. Das erste Kaiserreich zerfiel, Venedig kam an Österreich. Endlich wurde auf Veranlassung des bedeutenden Ingenieurs Palaeocapa das napoleonische Projekt 1839 in Angriff genommen. Die Vollendung erfolgte aber erst 1872 unter der Herrschaft des neuen Königreichs Italien.

Die Überschwemmungen 1840 im Brentagebiet machten eine zeitweilige Wiedereinleitung der Brenta in die Lagune von Chioggia nötig. Die Folgen waren für diese Lagune sehr schlimm, und es muß als ein großes Glück bezeichnet werden, daß es gelang, die technischen Schwierigkeiten zu überwinden und den korrigierten Brentalauf zu erhalten. Bei all diesen Arbeiten ist die Schiffahrt zwischen der Lagune und dem großen oberitalienischen Kanalnetz nicht unmöglich gemacht, der Zugang ist an einzelnen Stellen durch Schleusen ermöglicht.

Die günstigen Erfahrungen mit den Hafenmauern von Malamocco veranlaßten die Regierung, in derselben Weise auch den Hafen von S. Nicolo durch weit in das Meer hinausreichende Steindämme zu schützen. Die gewaltigen Hafenmauern von

Malamocco und Lido sind leider nicht mehr von nächster Nähe zu sehen, da sie im Festungsbereich liegen [1]).

So ist heutzutage der Stand der Hafenfrage. Der Lidohafen hat seine ursprüngliche Bedeutung wieder erreicht und sogar den Malamoccohafen als Einfahrt für die größten Schiffe wieder überflügelt. Für unsere hygienischen Fragen besteht das Resultat darin, daß seit dieser Regulierung der Lidoeinfahrt alle Kanäle der Lagune von Venedig tiefer geworden sind, und damit die Bewegung des Wassers bei Ebbe und Flut sehr viel ausgiebiger und gründlicher vor sich geht.

Es ist kein Ruhezustand. Die Versandungen drohen dauernd, und sowohl häufige Baggerungen, wie auch Verlängerungen der großen Hafenmauern werden bisweilen notwendig. Doch ist die Lagune gegenwärtig in weit besserem Zustande als sie es je gewesen, und die moderne Technik ist imstande, im Kampf mit den Naturgewalten Sieger zu bleiben.

Ebbe und Flut.

Wer bei Tiefwasserstand sich in der Gondel den Häusermauern entlang führen läßt, sieht über dem Wasser an den Grundmauern der Paläste und Pfähle eine dunkle Verfärbung, die mit einer scharfen Linie abschneidet. Das ist das alte „segno negro“ der Venezianer, die Hochwasserlinie, die als mittleres Niveau des wechselnden Meeres für Messungen aller Art galt. Für die Gegenwart genügt es nicht mehr, man braucht heutzutage verläßlichere Maße. 1871 wurde der erste Mareograph aufgestellt, auf dem das Hochwasserzeichen, die „commune alta marea“ abgekürzt mit CAM in 1,50 m Höhe eingetragen war. Als Nullpunkt wurde dabei eine Linie angenommen, unter die erfahrungsgemäß das Meeresniveau auch bei extremster Tiefe nie gegangen ist. 1887 fand man als arithmetisches Mittel sämtlicher 10 228 Hochwasserstände in

[1]) Beim Malamoccohafen reicht die Nordmauer 2200 m ins Meer hinaus, die Südmauer 956, die Einfahrt ist 475 m breit. Bei einer Breite von 4—4 ½ m überragt die Krönung der Mauer den Hochwasserspiegel um 2 m. An dem Leuchtturm auf der Spitze der Nordmauer ist die größte Tiefe 16 m.— Beim Lidohafen, 1882 begonnen, ist die nördliche Mauer 3500 m, die südliche 2850 m lang, die Krönung etwas schmaler und niederer, dagegen ragt der Unterbau, der bis zu 8 m Tiefe reicht, 50 cm über den Hochwasserspiegel. Die Arbeiten hier werden in etwa 2 Jahren vollendet sein.

Tabelle 1.

Ebbe und Flut

(Die Zahlen bezeichnen den Pegel-

	Januar	Februar	März	April	Mai
Mittlerer Hochwasserstand	1,476	1,447	1,473	1,550	1,527
Mittlerer Tiefwasserstand .	0,917	0,858	0,889	0,989	0,967
Differenz zwischen mittl. Hoch- u. Tiefwasserstand	0,559	0,589	0,584	0,561	0,560
mittl. Hochwassermaximum	1,895	1,851	1,860	1,953	1,949
mittler. Tiefwasserminimum	0,376	0,400	0,475	0,607	0,544

Höchste Fluthöhe (Dezember 1882) 2,65 m. Tiefster Ebbestand (Januar 1882)

15 Jahren (1872—1886) die CAM in 1,532 m Höhe (10). An dieser Linie als feststehender Norm können wir uns nun die Frage nach Ebbe und Flut beantworten. Dem mittleren Hochwasserstand von 1,532 m steht ein mittlerer Tiefstand von 0,967 m gegenüber, so daß wir aus 15 Jahren Beobachtung einen Ausschlag von 56,5 cm haben. Wie der Wasserstand mit den Monaten wechselt, sehen wir aus Tabelle 1, die uns zeigt, daß Flut wie Ebbe nach der Frühjahrs- und Herbst-Tagundnachtgleiche am höchsten sind, während die stärksten Differenzen etwas vorher eintreten. Dies entspricht der Erfahrung, daß besonders starke Hochwasserstände ins Frühjahr und mehr noch auf den Herbst fallen[1]).

Die Straßenhöhe der Stadt ist durchschnittlich 0,70 m über CAM und somit bedeutet eine Erhebung des Wasserspiegels über 2,20 m Überschwemmung. An besonders tiefen Stellen der Stadt, wie vor der Markuskirche und den alten Prokuratien genügt schon ein Pegelstand von 2 m zum Anfang der Überschwemmung.

Diese extremen Hochwasserstände sind immer Folge von starken Süd- oder Ostwinden. Sie treten jedes Jahr ein paar Mal auf (in 15 Jahren 34 Mal über 2,10 m, 16 Mal über 2,20 m), sind aber kaum ernste Ereignisse für die Stadt. Das Wasser strömt

[1]) Von Seiten des Königl. Instituts für Kunst und Wissenschaft sind seit 1906 weitere umfangreiche Studien über die gesamte Lagune im Gang, die eine sehr genaue Feststellung der Ebbe- und Fluthöhen, der Stromgeschwindigkeit, der Frage der Bodensenkung, der natürlichen Aushöhlung der Kanäle möglich machen werden. Doch werden sie die hier berichteten Resultate wohl nicht wesentlich ändern.

1872—1886.

stand am Mareographen gemessen).

Juni	Juli	August	Septemb.	Oktober	November	Dezember	Mittel
1,514	1,502	1,545	1,562	1,630	1,599	1,565	1,532
0,954	0,935	0,955	0,969	1,051	1,105	1,024	0,967
0,560	0,567	0,590	0,593	0,597	0,494	0,541	0,565
1,821	1,750	1,796	1,916	2,068	2,013	2,090	1,913
0,532	0,451	0,563	0,620	0,651	0,625	0,490	0,527

0,03 m. Differenz zwischen Maximum und Minimum 2,62 m.

nie mit Gewalt ein, sondern steigt und fällt mit der Flut, und als vorübergehende Erscheinung bringt die kurze Stockung des täglichen Lebens nur eine Fülle humorvoller Genrebilder mit sich. Auf dem Markusplatz erscheinen Gondeln und kleinere Fahrzeuge; Notbrücken werden quer hinübergelegt, den Fremden werden feierlich plumpe Karren vorgeführt, auf denen ein einsamer Stuhl thront, und wer sich ihm anvertraut, wird von barfüßigen Jungen oder Facchini mit Halloh durchs Wasser gerollt. Wo der Wasserspiegel einen Straßenübergang sperrt, bieten dienstbeflissene Facchini ihre breite Hinterfront zum Aufsteigen an, und wer mutig durchs Wasser stampft, wird eine Zielscheibe des venezianischen Witzes von Seiten der anderen, die im Trocknen stehen. Der höchste gemessene Wasserstand wurde am 18. Januar 1867 mit 2,82 m, also 50 cm über dem mittleren Straßenniveau beobachtet, der niederste im Januar 1882 mit 0,03 m Pegelstand.

Das mittlere Meeresniveau berechnet sich aus den obigen Zahlen $\frac{(1{,}532 + 0{,}967)}{2}$ als Hälfte des mittleren Hoch-plus Tiefwasserstandes auf 1,249 m über dem Nullpunkt.

Wie groß ist die Menge Wasser, die eine Flut durchschnittlich in die Laguna di Lido bringt?

Wir wissen, daß der Wasserspiegel dieser Lagune ohne alle bebauten Teile 6590 Hektar ist; bei einer mittleren Differenz von 0,565 m zwischen Ebbe und Flut strömt jedesmal d. h. zweimal täglich eine Masse von 37 Millionen cbm reines Wasser in die Lagune, der wir die Reinigung des Lagunenwassers verdanken.

Auf die Frage: wie verhalten sich Ebbe und Flut bezüglich der Zeitdauer? zeigt uns das Studium der täglichen Aufzeichnungen, daß die Ebbe durchschnittlich etwas kürzer ist als die Flut. Daraus ergibt sich nach physikalischen Gesetzen, daß der Ebbstrom rascher sein muß, als der Flutstrom. Deshalb schafft der Ebbstrom leichter alle Stoffe, die gelöst oder ungelöst im Lagunenwasser schwimmen, in das Meer hinaus als herein. Diese beschleunigte Ebbe ist somit eine weitere Ursache der gewaltigen reinigenden Wirkung, die die Gezeiten auf die Lagune ausüben und auf die Stadt, deren Ufer sie bis zum innersten Kern bespült.

Wie rasch der Ebb- und Flutstrom geht, ist außerordentlich verschieden und schwer zu messen. Im Anfang der Flut ist er nur halb so langsam als eine Stunde später. In den großen breiten Kanälen, in denen er wenig Widerstand findet, ist er rascher als in den kleinen und am langsamsten in denen dritter und vierter Ordnung. Die Schnelligkeitsmessungen der Oberfläche erklären aber nicht die Beobachtung, daß die Flut schon bald nach Anfang des Steigens in den entferntesten Teilen der Lagune zu spüren ist. Der Mareograph des Genio civile im Palazzo Loredan in S. Stefano, der rund 6 km vom Porto di Lido entfernt ist, zeigt den größten Wasserstand 24 Minuten nach dem letzteren. Das ließe ungeachtet aller Hindernisse auf eine Schnelligkeit von 4 m pro Sekunde schließen, die, wie jeder Laie sehen kann, an der Oberfläche jedenfalls nicht vorhanden ist. Die Messungen mit den Strömungsmessern ergeben, daß das Maximum in der Stadt 50 bis allerhöchstens 55 cm in der Sekunde ist; in den kleinen Kanälen ist der Strom geringer. Das Wasser muß sich also in seiner ganzen Tiefe heben und der Oberflächenstrom ist nur ein Teil des Unterwasserstroms, der bei Flut die ganze Lagune hebt. Auch diese Frage ist für die hygienische Wirkung des Flutstromes von größter Bedeutung. Es findet nicht nur, wie manche glauben, ein Überströmen von reinerem Wasser über das verunreinigte statt, sondern eine gründliche Mischung in der ganzen Schicht und damit eine wesentliche Verdünnung.

Bei Ebbe und Flut in der Lagune unterscheidet man vier Perioden:

1. Bei Beginn der Flut an den Hafenmündungen hört der Ebbstrom, die Entleerung der Lagune ins Meer, auf; während aber

hier die Füllung wieder beginnt, dauert in den entferntesten Teilen der Kanäle der Ebbstrom oft noch bis zu $2^1/_2$ Stunden an, je nachdem die Winde der Flut ungünstig wehen.

2. Die Flut macht sich bis in die entferntesten Kanäle bemerkbar. Alles geht in derselben Richtung des steigenden Wassers (acqua crescente). Das dauert fort, bis das Wasser am Hafen nach einer kurzen Pause (stanca di crescente) wieder auszuströmen beginnt. Das ist das Ende der Füllung der Lagune.

3. An den Häfen ist das Wasser in vollem Ausströmen, in den Kanälen nahe dem Festlande steigt es aber noch.

4. Es besteht allgemeiner Ebbstrom, der zuerst am Hafen mit einer Ruhepause (stanca di crescente) schließt, um der Flut Platz zu machen.

Man könnte aus dieser langsamen Ausbreitung der Ebbe- und Flutrichtung den falschen Schluß ziehen, daß die Gezeiten in der Nähe vom Lande weniger ausgiebig sind, aber die Messungen der Mareographen an verschiedenen Stellen beweisen, daß sie am Land drüben genau denselben Ausschlag zeigen, wie am Hafen. Das weist wiederum darauf hin, daß die Wassermasse in ihrer ganzen Höhe gehoben wird.

Ein weiterer Beweis für die tiefgreifende Wirkung der Strömungen ist die Aushöhlung der Kanäle überall da, wo keine Hindernisse im Wege sind und die Tatsache, daß auch die Kanäle mit gehemmter Stromschnelligkeit sehr langsam verschlammen. Im canale salso bei Mestre ist ein Mareograph aufgestellt. Vom Lidohafen bis dorthin hat die Flut einen Weg von mindestens 15 km, etwa 8 in der laguna viva und 7 in der laguna morta, zu durchlaufen. Bei Flut kommt der Strom dort 60 bis 130 Minuten später als am Lidohafen an. Die beiden 15 km entfernten Mareographen zeigen aber stets denselben Ausschlag. Im Gebiet der laguna morta gibt es allerdings auch Wasserbecken, die nur auf einem gewundenen Gewirr von kleinen Kanälen zugänglich sind, endlich auch Tümpel (laghi), die überhaupt keinen Zugang haben und sich nur bei den extremen Hochwasserständen oder aber durch Einsickern von untenher mit Salzwasser füllen. In ersteren haben wir nur geringe, in den letzteren gar keine Wirkung von Ebbe und Flut. Doch sind es keine „Sümpfe", ihr Wasser ist Salzwasser, der Salzgehalt meist erheblich höher als in der Lagune, weil das Wasser verdunstet und das zurückbleibende konzentrierter wird.

Tabelle 2.

Mittlere Wassertemperatur in Meer und

°C.	Januar	Februar	März	April	Mai
Lagune	4,59	7,11	9,77	15,35	18,62
Meer	3,19	6,78	9,07	14,38	17,72
Die Temp. der Lagune ist höher um: . . .	+ 1,40	+ 0,33	+ 0,70	+ 0,97	+ 0,90
Mittlere Lufttemperatur	2,6	4,7	7,9	12,8	17,5

Als Ganzes haben wir die Lagune wie eine Art Meerbusen anzusehen, dessen Wasser völlig unter den Gesetzen des Meeres steht und so wenig wie dieses stagnierende Stellen hat, da es mit derselben Gründlichkeit durch die Gezeiten einer Mischung und Erneuerung unterliegt. Es ist jedenfalls reine Unkenntnis der Natur unserer Lagune, wenn das zeitweilige Freiliegen der „paludi" als ungesund und als Quelle von Erkrankungen angesehen wird. Im Gegenteil gehört die Lagune zu den gewaltigsten Faktoren für die Gesundheit Venedigs.

Das Wasser der Lagune.

Das Wasser der Lagune, obgleich Meerwasser, hat nicht in jeder Beziehung dieselben Eigenschaften wie letzteres. Die Temperatur folgt etwas anderen Gesetzen als die des Meeres. Die Lagune ist fast stets wärmer als das Meer, von Februar bis August $^1/_2$—1°, September bis Januar 1—$2^1/_2$°, im Durchschnitt 1,1°. Tabelle 2 gibt aus einer Reihe von Messungen die 1876—1880 in der Lagune und auf der Spitze des nördlichen Hafendamms bei Malamocco um 12 Uhr mittags ausgeführt wurden die mittleren Monatszahlen.

Aus einer anderen Serie (10) von vergleichenden Temperaturbestimmungen, 1879—1880, Tabelle 3, ersehen wir, daß die Differenz morgens erheblich stärker ist. Die Lagune kühlt über Nacht weniger ab, oder richtiger gesagt, das bei Nacht einströmende Wasser wird in der Lagune stärker erwärmt, so daß der Unterschied vom April bis August zwischen $1^1/_2$ und $2^1/_2$°, im September und Oktober 3—4° betragen kann. Nur im Januar und Februar kann gegen Mittag die Meerestemperatur über die der Lagune steigen. Wenn nicht andere Gründe dagegen sprechen würden, könnte man die Seebäder, wenn sie im Oktober zu kühl werden, in der Lagune noch einige Zeit fortsetzen.

Lagune. Mittags 12 Uhr (1876—1880).

Juni	Juli	August	September	Oktober	November	Dezember	
24,63	26,29	27,44	23,25	17,61	10,77	6,21	
24,59	25,60	26,80	21,77	16,11	8,51	3,64	
+ 0,04	+ 0,69	+ 0,64	+ 1,48	+ 1,50	+ 2,26	+ 2,57	+ 1,1
22,0	24,2	23,4	19,8	14,9	8,4	4,0	13,5

Tabelle 3.

Tägliche Temperaturbewegung des Meer- und Lagunenwassers (1879—80)

(3 stündliche Messung in ⁰ Celsius).

Monat	h	Lagune	Meer	+ der Lagune	Monat	h	Lagune	Meer	+ der Lagune
	9	0,64	— 2,55	+ 3,19		9	25,12	22,60	+ 2,52
Januar . . .	12	0,79	— 0,39	+ 1,08	Juli	12	25,58	24,65	+ 0,93
	3	0.72	+ 1,21	— 0,49		3	25,90	25,33	+ 0,57
mittel		0,72	— 0,52	+ 1,26	mittel		25,53	24,10	+ 1,34
	9	5,57	3,76	+ 1,81		9	27,73	25,35	+ 2,38
Februar. . .	12	5,96	6,07	— 0,11	August . . .	12	27,92	27,72	+ 0,20
	3	5,80	7,27	— 1,47		3	28,30	28,63	— 0,33
mittel		5,76	5,70	— 0,02	mittel		27,98	27,23	+ 0,75
	9	9,20	6,21	+ 2,99		9	23,85	20,52	+ 3,33
März	12	9,53	9,02	+ 0,51	September .	12	24,16	22,82	+ 1,34
	3	9,79	9,96	+ 0,17		3	24,30	23,83	+ 0,92
mittel		9,51	8,39	+ 1,11	mittel		24,10	22,24	+ 1,86
	9	15,54	13,62	+ 1,92		9	17,32	13,25	+ 4,07
April	12	15,90	15,15	+ 0,45	Oktober. . .	12	17.36	15,48	+ 1,88
	3	16,15	15,90	+ 0,25		3	17,45	16,16	+ 1,29
mittel		15,86	14,99	+ 0,87	mittel		17,38	14,96	+ 2,41
	9	17,36	14,95	+ 2,41		9	10,06	5,12	+ 4,94
Mai	12	17,40	16,14	+ 1,26	November .	12	9,84	7,04	+ 2,80
	3	17,68	16,44	+ 1,24		3	9,80	7,54	+ 2,26
mittel		17,48	15,84	+ 1,64	mittel		9,90	6,57	+ 3,33
	9	24,14	22,42	+ 1,72		9	1,81	— 1,78	+ 3,59
Juni.	12	24,60	24,17	+ 0,43	Dezember. .	12	1,48	— 0,08	+ 1,56
	3	24,69	24,60	+ 0,09		3	1,40	0,53	+ 0,87
mittel		24,48	23,73	+ 0,75	mittel		1,56	— 0,52	+ 1,26

Der Salzgehalt des Meer- und Lagunenwassers ist etwas geringer als an der östlichen Küste der Adria und ebenso als am

Tyrrhenischen Meer. Ich stelle hier Meerwasseranalysen von drei Punkten nebeneinander.

in 1 l Wasser sind g	Venedig	Livorno	Abbazia
Chlornatrium	22,35	26,19	29,02
Chlorkalium.	0,83	1,11	1,04
Chlormagnesium	2,59	3,02	3,07
Schwefelsaures Natrium. . .	0,60	0,89	1,15
Schwefelsaures Magnesium. .	2,75	3,09	2,55
Summe	29,12	34,30	36,83

Daß bei Venedig die Adria weniger Salze enthält, erklärt sich leicht aus der großen Anzahl von Flüssen, die nördlich und südlich von der Lagune ins Meer fließen.

In der Lagune ist der Salzgehalt wechselnd zwischen 20 und 28 ‰, im Durchschnitt 24,59 ‰. Man kann bei einzelnen Analysen verfolgen, wie der Salzgehalt in der Nähe des Landes, wo noch kleine Süßwasserläufe in die Lagune münden, geringer wird. Bei Flut ist er fast ausnahmslos höher als bei Ebbe, was sich auf eben dieselbe Weise erklärt.

Dieser Salzgehalt der Lagune ist für die Stadt und den Lido ein äußerst wichtiges Schutzmittel. Ihm verdanken es die Lagunenorte, daß sie mitten in einer Gegend, wo Malariafieber nicht selten ist, selber so gut wie keine autochthone Malaria haben, sondern meistnur einige eingeschleppte Fälle. Ausgedehnte Untersuchungen des Wassers der Lagune, auf die ich nur summarisch eingehen kann (20), haben ergeben, daß im ganzen Gebiet der Lagune die Überträger der Malaria, die Anophelesmücken, keine Larven fortbringen können, während am Rande der Lagune überall solche zu finden sind. Die Larven brauchen zu ihrer Entwicklung Süßwasser mit gar keiner oder ganz geringer Strömung, in Salzwasser von 11 ‰ aufwärts gehen sie zugrunde. Die Lagune mit einem Minimum von 20 ‰ Kochsalz schließt also ihre Entwicklung überall aus.

Daß die Mücken den über 4 km langen Weg übers Wasser zurücklegen könnten, ist selbst bei starkem Wind nicht möglich; über 400 m gelangen sie selten von der Küste weg. In der Peripherie der Stadt werden bisweilen Anophelesmücken nachgewiesen, die meist mit Heubarken übers Wasser kommen (keine Larven). Die ganze Stadt bietet nirgends stagnierendes Süßwasser, in dem sie sich entwickeln könnten, ebensowenig der Lido, der zum größten Teil gut drainiert ist. Man kann dort in den Festungsgräben oder zwischen den weiter entfernten Gärten wohl stagnierendes Wasser finden; das sind aber alles Gräben, die mit der Lagune in Zusammenhang stehen, deren Wasser sogar durch Verdunstung meist salzhaltiger geworden ist als das der Lagune.

Ebenso kann ich nur kurz eine andere Reihe von hochinteressanten Untersuchungen streifen (18), die die Verunreinigung des Wassers in den Kanälen der Stadt und ihre Reinigung durch Ebbe und Flut zum Gegenstand haben. Als Gradmesser dient der durchschnittliche Bakteriengehalt des Wassers bei Ebbe und Flut in Wasserproben, die an den verschiedensten Stellen der Stadt teils von der Oberfläche, teils aus der Tiefe der Kanäle entnommen wurden.

Kanalwässer in großen Städten, Hafenwässer von Seestädten enthalten immer eine Menge von Keimen, weitaus zum größten Teil unschädlichen Fäulniskeimen. So wurden im Hafen von Neapel 50 m vom Land entfernt 3—400 000 Keime im ccm festgestellt, in Genua 100 m vom Ufer entfernt 206 000, in Palermo 50 m von den Ufern entfernt noch 209 000. In Kiel (7), wo keine Ebbe und Flut ist, fanden sich an den Ufern 500 000—2 200 000, noch in der Mitte des 180 m breiten Hafens 58 238; die Spreewasserkanäle in Berlin haben einen Bakteriengehalt von 50—60 000 Keimen, trotzdem alle Schmutzwässer nicht in sie münden, sondern nach den Rieselfeldern geleitet sind.

Weit weniger verunreinigt ist das Wasser in den Kanälen von Venedig. Es fanden sich (in 130 Wasserproben mit mehreren 100 Einzelproben) bei Ebbe im Durchschnitt 30 000 Keime (sehr selten über 50 000), bei Flut nur 4400 Keime, an einzelnen Stellen der Stadt bis herab zu 700. Es läßt sich mit nichts deutlicher dartun, welch gewaltige Reinigungsarbeit die Flut leistet, die 2 mal täglich Venedig bis in den innersten Kern durchspült. Im breiten Gindeccakanal vermindert sich der Gehalt auf 300—800, im Bacino S. Marco in der Richtung auf die Hafenmündung von 500 abwärts bis 100. Hundert Keime im ccm darf selbst ein gesundes Trinkwasser enthalten. Die starkströmende Isar bei München enthält oberhalb der Stadt dauernd 3000, unterhalb 15 000 Keime. Das Wasser der Kanäle in Venedig kommt also an Reinheit dem eines starkströmenden Flusses nahe.

Von großer Wichtigkeit für die Gesundheit der Stadt ist nun die Frage: „Wie verhalten sich Krankheitskeime, die in das Kanalwasser gelangen, in diesem? Experimentelle Studien, die darüber, wie sonst mehrfach mit Meerwasser, so auch mit dem Kanalwasser in Venedig gemacht worden sind, haben das übereinstimmende Resultat ergeben, daß darin alle Krankheits- (d. i. pathogenen) Keime nach einem Tag größtenteils, nach wenigen Tagen völlig zugrunde gehen. Die Ursache dieser Keimzerstörung sind die Fäulnisbakterien des Wassers, denn wenn das Kanalwasser durch Kochen sterilisiert ist, erhalten sich Krankheitskeime, die hineingebracht werden, lange Zeit lebend. Das Wasser selbst spielt also als Krankheitsvermittler keine irgendwie wesentliche Rolle. Außer Zweifel ist aber eine zweite Tatsache, die auch anderweitig erwiesen ist, daß die pathogenen Keime in den im Wasser lebenden Tieren, Austern, Muscheln, Krebsen aller Art einen günstigen Nährboden für ihre Weiterentwicklung finden. Werden solche kranken Crustaceen gekocht, so können sie meist keine ernste Krankheit, jedenfalls keine Infektion beim Menschen hervorrufen. Ungekocht aber sind sie in jedem Fall sehr gefährlich und deshalb unbedingt zu vermeiden. Dies ist umsomehr zu betonen, als der Laie, der gerne Austern ißt, für gewöhnlich den Unterschied nicht kennt zwischen dem, was ihm auf der Straße angeboten wird, und den Austern, die von sorgfältig gepflegten und gehüteten Austernbänken stammen. Übrigens ist jetzt der Verkauf aller dieser Schalentiere strengstens verboten.

Das Klima.

Wie die geographische Lage und die eigenartigen Beziehungen des Meerwassers zu dem Grund, auf dem sich die Stadt erhebt, Venedig einen besonderen Platz zuweisen, so zeigt auch das Klima vielfach andere Eigenschaften als die meisten südeuropäischen Küstenorte. Von den meteorologischen Beobachtungen sind für den Arzt und den Erholungsuchenden interessant der Temperaturgang, Druck und Feuchtigkeit der Luft, die vorherrschenden Winde, ihre Feuchtigkeit, Stärke und Wechsel, die Heiterkeit des Himmels, die Wasserverdunstung und die Niederschläge. Wichtig ist ferner die chemische und bakteriologische Beschaffenheit der Luft, die Lage der Stadt und einzelner Teile zu Sonne und Winden.

Tabelle 4.

Meteorologische Durchschnittswerte für Monat und Jahr nach langjährigen Beobachtungen des Observatoriums im Seminario patriarcale.

	1836—1885					1903 bis 1910	1906 bis 1910	1911
	Barometer	Temperatur	Dampfspanng.	vorherrsch. Winde [1]	Niederschlagsmenge mm	Relative Feuchtigkeit	bedeckt. Tage	Sonnenschein Stunden
Januar	762,96	2,6	4,71	NNE--N	42,41	74,2	6,8	156
Februar	761,92	4,7	5,28	NNE—NE	38,73	75	6,4	134
März	759,47	7,9	6,25	NE—E	48,96	77,4	6,8	140
April	758.82	12,8	8,61	SE—NE	61,02	73,2	4,6	203
Mai	759,19	17,5	11,68	SE—SSE	78,47	71,1	4,2	210
Juni	760,13	22,0	13,82	SSE—SE	75,73	66,2	0,8	310
Juli	760,29	24,2	15,53	SE—S	68,55	66,2	1,4	333
August	761,47	23,4	15,34	NE—SE	69,96	68,2	1,0	305
Sept.	760,05	19,8	13,35	NE—S	82,03	72,1	2,4	241
Oktob.	760,85	14,9	10,26	NE—NNE	97,57	77,5	6,6	142
Nov.	760,51	8,4	6,46	NE—NNE	78,15	78,2	8,2	81
Dez.	760,01	4,0	5,15	NW—NE	48,63	82,1	11,6	95
Jahresdurchschnitt bzw. Summe (S)	760,63	13,5	9,71	NE—SE	(S) 790,21	73,78	(S)60,6	

[1]) E ist die wissenschaftliche Abkürzung für Ost.

In großen Zügen gelten für Venedig und Lido dieselben meteorologischen Beobachtungen. Im einzelnen besteht eine Reihe von Unterschieden, auf die an den entsprechenden Punkten hingewiesen wird, die bald Venedig bald Lido als Aufenthalt geeigneter erscheinen lassen. Doch ergibt sich fast für jeden, der hierher kommt, von selbst ein dauernder Wechsel zwischen Venedig und Lido.

Die Beschaffenheit der Luft.

Die wesentlichste Eigenschaft, die die Luft zu einem ausgezeichneten Heilmittel macht, ist ihre Reinheit, das Fehlen von Stoffen, die ihr naturgemäß nicht angehören. Sie muß chemisch rein, frei von Staub und Bakterien wie auch von schädlichen Gasen sein. Solche reine Luft findet man im Hochgebirge und an der See, im Hochgebirge, wo die Luft über Wälder und kahle Felsen streicht und sich dabei nur mit wenig Staubteilchen und Bakterien beladen kann. Reiner aber ist die Seeluft, wie viele Untersuchungen beweisen; bei ihrem Weg über das Wasser hat sie nirgends Gelegenheit, aufgewirbelte Staubteilchen und Bakterien aufzunehmen. Deshalb genießen Orte, die allseitig vom Meer umgeben sind, also Inseln, die reinste Luft und so ist auch bei Seefahrten die beste Gelegenheit gegeben, reine Seeluft in höchster Potenz zu genießen.

Für Küstenorte, die nur mit einer Seite an die See stoßen, hängt die Reinheit der Luft in erster Linie von der Richtung der Winde ab. Die vom Land kommenden Winde haben, was natürlich ist, nicht denselben Grad von Reinheit wie die Seewinde, und für die Bedeutung eines Küstenorts als Seeluftkurort ist von höchster Wichtigkeit, ob und wie stark die Seewinde vorherrschen. Die Seeseite eines Ortes ist die Seite, aus der von weiter Entfernung her die Winde über die See kommen. Luftuntersuchungen haben ergeben, daß, wenn die nächste Küste mehr als 30 Seemeilen entfernt ist, in ca. 1500 l Luft sich ein Keim findet. Ein Erwachsener atmet im Tag etwa 15 000 l Luft ein und hätte somit in dieser reinen Luft täglich im Durchschnitt nicht mehr als 10 mal Gelegenheit, einen Keim einzuatmen. Diese vereinzelten Keime sind überdies ganz unschädlich. Kommt die Luft aus mehr als 120 Seemeilen über Wasser, so ist sie überhaupt völlig bakterienfrei.

Lassen wir die Küstenorte des Mittelländischen Meeres in dieser Beziehung Revue passieren, so finden wir, daß an der Riviera sowohl wie an den Steilküsten der östlichen Seite der Adria die Nordwinde, also die Landwinde das ganze Jahr über stark vorherrschen, die Winde der Seeseite zurücktreten, an einzelnen Stellen so stark, daß von Seewinden im eigentlichen Sinne kaum zu reden ist.

Venedig macht hierin eine Ausnahme. Soweit die meteorologischen Verhältnisse der anderen Bäder bekannt sind, ist Venedig der einzige Ort, der viel Seewinde zeigt. Wie die Tabelle 5 ergibt

Tabelle 5.

Häufigkeit der einzelnen Winde nach Monaten 1836 bis 1885 (976 vorherrschende Winde aus 84345 Einzelbeobachtungen).

	Landwinde			Seewinde						Landwinde						
	N	NNE	NE	ENE	E	ESE	SE	SSE	S	SSW	SW	WSW	W	WNW	NW	NNW
Januar	15	20	12	3	2	2	2	—	—	—	1	1	1	2	11	6
Februar	9	18	17	11	5	2	2	1	—	—	—	1	1	—	7	6
März	3	11	15	11	12	4	5	5	5	2	2	1	1	—	—	—
April	1	8	14	8	12	3	16	10	12	3	—	1	—	—	1	—
Mai	—	8	8	6	7	8	15	15	14	6	3	—	1	—	1	—
Juni	1	4	5	2	8	4	17	19	16	3	3	1	—	2	1	—
Juli	3	5	12	1	1	4	22	12	14	3	3	—	—	—	—	—
August	5	7	19	2	9	6	13	10	12	2	1	1	1	—	—	—
September	10	12	15	6	5	3	9	4	5	2	2	1	1	—	—	2
Oktober	10	15	18	13	1	1	—	1	—	—	3	1	1	1	1	3
November	12	17	18	5	3	2	1	—	1	—	1	1	1	1	5	3
Dezember	15	10	15	4	1	1	—	1	—	—	—	—	—	1	16	7
	84	135	168	72	66	40	102	78	89	21	19	9	8	7	43	27

sind im ganzen Jahr fast ebensoviel Seewinde als Landwinde (Verh. 5 : 6); dagegen überwiegen schon in der weiteren Saison, März-Oktober, die Seewinde erheblich (Verh. 3 : 2) und erreichen in der engeren, der Badesaison, Mai—September fast die doppelte Zahl der Landwinde (Verh. 9 : 5).

Dazu gesellt sich noch als weiterer günstiger Umstand, daß auch alle von der Landseite kommenden Winde mehrere Kilometer weit über Wasser kommen, so die häufigen Nord- und Nordostwinde aus 5—30 km, ähnlich die selteneren Nordwest-, West- und Südwestwinde. Wenn diese Luftströmungen auch nicht die Reinheit der eigentlichen Seewinde erreichen, so sind sie doch chemisch und bakteriologisch immer weit reiner als die Kontinentalwinde.

Reine Seewinde sind in Venedig Ostnordost-, Ost-, Südost- und Südwind. Auf die Eigenschaften der einzelnen Winde komme ich später zurück.

In den eutschen Seebädern herrschen während der Badezeit nur an der Nordsee die Seewinde vor, an der Ostsee die Landwinde.

Diese so ganz verschiedenen Grade der Luftreinheit, die für jeden der neben dem Seebad auch die Luft als Heilmittel genießen will, von allergrößter Wichtigkeit sind, werden noch viel zu wenig betont. Für Venedig sind sie meines Wissens zum erstenmal studiert.

In früheren Zeiten suchte man den Grund für die gute Heilwirkung der Seeluft fast ausschließlich in einer Reihe von chemischen Beimischungen, die aus dem Salzwasser stammen. Wissenschaftliche Luftanalysen haben nachgewiesen, daß weitaus die meisten dieser Stoffe, wenn sie überhaupt chemisch nachgewiesen werden können, in so geringen Mengen in der Luft sind, daß sie als Heilfaktoren neben der Haupteigenschaft, der Reinheit, kaum in Frage kommen.

Wenn wir vom Salzgehalt der Luft sprechen, so müssen wir die falsche Vorstellung ausschalten, als ob die Verdunstung des Seewassers die Luft salzhaltig mache. Das ist physikalisch unmöglich. Es ist aber durch Untersuchungen festgestellt, daß bei stärkeren Winden und lebhafter Wasserbewegung in der Nähe, d. h. bis etwa 12 m vom Wasser entfernt, Salz chemisch in der Luft nachzuweisen ist, das von verstäubten Wellen herrührt. Da Venedig und der Lido überall vom Salzwasser umgeben sind, so trifft diese Voraussetzung bei starkem Wind an allen dem Seewasser ausgesetzten Teilen, in der Stadt vor allem an der Riva degli Schiavoni, dem Canal Grande, den Zattere und den Fondamente nuove zu. Übrigens kann jedermann, der einen längeren Gang an den Ufern der Stadt und dem Lido entlang bei stärkerem Wind macht, dieses verstäubte Salz an Lippen und Händen schmecken. Die Verstäubung wirkt nur bis zu geringer Höhe und ist über die Parterrewohnungen hinaus wohl nie bemerkbar. Eine Empfehlung für das Wohnen in Parterreräumen daraus herzuleiten, wie es schon versucht worden ist, ist jedenfalls gänzlich verfehlt, denn bei der geringen Windstärke unseres Klimas ist diese Verstäubung selten und kommt somit als Heilfaktor — für die Ausscheidung von Sekreten bei Erkrankungen der Luftwege — nicht in erster Linie in Betracht.

Mit Jod und Brom ist es ähnlich. Im Meer und Lagunenwasser sind sie in geringen Mengen nachzuweisen. Sie können aber nicht anders in die Luft gelangen, als auf dem seltenen Weg der Verstäubung, auf dem sie jedenfalls nicht bis in die Lunge kommen.

Der Gehalt an Sauerstoff in der Luft ist, wie man weiß, überall, selbst auf hohen Bergspitzen, fast genau derselbe, wie auf Meereshöhe; besonders der Ozon als potenzierter Sauerstoff, der in klimatischen Empfehlungen eine so große Rolle spielt, ist für die Atmungsluft ohne direkten Wert, da seine Menge in der Luft viel zu gering ist. Man hat die Menge Ozon, die ein Erwachsener in der Seeluft einatmet, auf ca. 0.45 mg pro Tag berechnet. Auch Wasserstoffsuperoxyd, Stickstoff, Kohlensäure, Ammoniak, Salpeter- und salpetrige Säure kommen nicht als wesentliche Beimengungen in Frage.

In der Stadt kann es vorkommen, daß sich der Geruch der Kanäle bemerkbar macht. Es tritt dies bisweilen, übrigens durchaus nicht regelmäßig, bei tiefem Wasserstand ein. Es wird natürlich oft die Frage aufgeworfen, ob solche Ausdünstungen, abgesehen von dem unangenehmen Geruch, gesundheitsschädlich wirken. Man hat schon in früheren Jahrhunderten bis auf die Gegenwart von Seiten der Sanitätsbehörden stets ein besonderes Augenmerk auf die Frage gerichtet, ob zu Zeiten und an Stellen, wo der Geruch am schlimmsten ist, vor allem, wenn ein Kanal trockengelegt und ausgeräumt werden muß, was monatelang dauern kann, eine Häufung von Infektionskrankheiten in den Häusern entlang dem Kanal auftritt. Das ist aber niemals bemerkt worden.

Von großer Bedeutung für die Atmungsorgane sind aber die Verunreinigungen, namentlich Staub und Rauch.

Von beiden ist Venedig und Lido so gut wie völlig frei. Große Fabrikbetriebe sind in Vendig sehr wenige; schon wegen der Erhaltung des historischen Charakters des Stadtbildes dürfen in der Stadt selbst keine neuen gegründet werden. Soweit sie nicht auf die Giudecca verbannt sind, ziehen sie sich immer mehr auf das Festland nach Mestre hinüber. Bei der Seltenheit der westlichen Luftströmungen finden auch die geringen Mengen von Rauch, die etwa vom Lande herüberkommen könnten, meist keinen Wind als Träger, und gegen Norden sind auf weiteste Entfernungen keine Fabriken.

Straßenstaub kennt man in Venedig nicht. Das Straßenpflaster, das aus dem harten istrischen Trachyt besteht — an manchen Stellen auch aus Terrazzo oder Asphalt — gibt kaum Staub ab. Was hier vor allem wegfällt — und darin steht Venedig jedenfalls ganz allein — ist die Zerreibung, der auch das beste Pflaster durch den Fahrverkehr unterworfen ist. Es wird kein Schmutz an Wagenrädern und Stiefeln der Fußgänger von den Landstraßen hereingeschleppt. Dejektionen von Zugtieren gibt es nicht, und es fällt auch jedes Aufwirbeln von Staub durch Wagen und Pferde weg. Die Straßen auf dem Lido haben einen sehr geringen Fahrverkehr. Die Beschotterung mit Kies oder Kieseln ist sehr gut und während der ganzen Saison wird sehr ausgiebig für Besprengung der Straßen gesorgt. Vor allem sind Venedig und Lido automobilfrei, ein Vorzug, den man im besten Sinne des Wortes mit vollen Zügen genießen kann, wenn man von den Straßen des Festlandes herüberkommt.

Mit der Verstaubung geht Hand in Hand die Verunreinigung der Luft durch Bakterien. Auf 1 cbm Stadtluft rechnet Rubner etwa 7000 Keime[1]. Bei Untersuchungen in Venedig, die nach denselben Methoden ausgeführt wurden (4), fanden sich 1 m über dem Straßenniveau durchschnittlich nur 2000 Keime im cbm, ein sehr günstiges Resultat, das übrigens bei dem Charakter der venezianischen Straßen und ihres Verkehrs nicht verwunderlich ist. Der Lido, die Lagunenufer der Stadt und die hochgelegenen Wohnungen genießen aber fast reine Seeluft, die den Vorzug größter Keimarmut hat.

Die Luftfeuchtigkeit.

Wärme und Feuchtigkeit sind zwei wesentliche Eigenschaften des Klimas, so wichtig, daß klimatische Kurorte meist auf dieser Grundlage eingeteilt werden, wie es z. B. bei der bekannten Weber-

[1]) In erster Linie auf Grund von langjährigen Zählungen, die in Paris ausgeführt worden sind. (13)

schen Gruppierung geschieht. Nach dieser gehört Venedig-Lido zu den mittelfeuchtwarmen Küstenklimaten.

Die relative Feuchtigkeit ist hier im Durchschnitt 74 %[1]. Der Unterschied in einzelnen Monaten ist nicht sehr groß, zwischen 82,1 % im Dezember und 66,2 % im Juni und Juli, vergleiche Tabelle 4. Im Laufe des einzelnen Tages ist die Feuchtigkeit morgens und abends höher als mittags.

Bei der Einwirkung der Feuchtigkeit auf das subjektive Wohlbefinden kommt immer die Kombination mit dem Wärmegang und den Winden in Betracht. Hohe Temperaturen und hohe Feuchtigkeit geben ein Gefühl der Schwüle, der Erschlaffung und Depression, mehr noch, wenn sich damit Windstille verbindet oder sehr warme Winde wehen. Tiefe Temperatur bei hoher Luftfeuchtigkeit und starken, kalten Winden läßt die Kälte stärker empfinden. Dies letztere tritt im fühlbaren Grade nur in der zweiten Hälfte des November und Dezember ein, den Monaten, die auch in anderen Beziehungen zu den unfreundlicheren in Venedig gehören. Januar und Februar, meist sonnige Monate, haben etwa den mittleren Jahresdurchschnitt an Feuchtigkeit; im März wird die Feuchtigkeit der Atmosphäre in ihrer Wirkung wieder durch den stärkeren Mittagssonnenschein ausgeglichen und von da ab fällt sie mit zunehmender Temperatur, so daß die heißesten Monate relativ am trockensten sind. September und Oktober, in denen die Feuchtigkeit langsam und nicht immer regelmäßig steigt, bilden wieder den Übergang zum November.

Dies sind Durchschnittswerte, die trotz ziemlicher Konstanz in einzelnen Jahren doch wechseln können und nicht ausschließen, daß an einzelnen Tagen oder Tagesabschnitten hohe Feuchtig-

[1] In früheren Veröffentlichungen über dieses Thema ist die Feuchtigkeit stets zu hoch angegeben worden. Berti, (2) der einen Durchschnitt von 84,67 % findet, erwähnt, daß er dabei die Resultate eines Beobachters verwertet habe, der seine Messungen als unsicher nicht veröffentlicht haben wollte. Auch Tono (23), der in den Jahren von 1835—1885 79,17 % findet, fußt für die früheren Jahre auf diesen unsicheren Messungen. Eine neuere Zusammenstellung von 1871—1900 (1) findet auf Grund der Beobachtungen des Observatoriums 75 %, und ich selbst berechne aus den Jahrestabellen des Observatoriums 1903—10 73,78 %. Die früheren Instrumente waren unzureichend; es können deshalb nur die Messungen der letzten Jahrzehnte verwendet werden.

keit mit hoher Temperatur zusammentreffen. Im Sommer kommt dies, entsprechend dem geringeren Feuchtigkeitsgrad nicht oft vor. Häufiger können in den Herbstmonaten bis zum Dezember Tage solcher feuchten Schwüle auftreten, die das Volk im allgemeinen als Scirocco bezeichnet, obwohl es durchaus nicht immer vorwiegend der Sciroccowind, der Südost ist, der sie bringt.

Temperatur.

Um ein Bild von den Temperaturverhältnissen zu gewinnen, müssen wir eine Menge einzelner Angaben kennen.

Die durchschnittliche Jahrestemperatur (aus 50 Jahren) ist 13,5° C, gewonnen aus den Mittelzahlen der einzelnen Jahre. Sie ist niedriger als die der Riviera (Genua 15,4°), etwas höher als Abbazia (13,2°) und wesentlich höher als die der Nord- und Ostseebäder (Norderney 8,5°). In den einzelnen Jahren schwankt sie zwischen 12,13 und 14,67 Jahresmittel. Es ist in der langen Reihe von Beobachtungsjahren festzustellen, daß die Mitteltemperatur des Jahres sich etwas erhöht hat, in den 50 Jahren um etwa $^1/_2$ °. Diese Erhöhung zeigt sich ebenso in den Sommer- wie in den Wintertemperaturen.

Die Mitteltemperaturen der Jahreszeiten sind

Frühling	12,77° C
Sommer	23,22° C
Herbst	14,22° C
Winter	3,81° C

Die mittleren Monatstemperaturen steigen von 2,6 im Januar bis 24,2 im Juli; gegen Herbst fallen sie rascher ab; (vergleiche Tabelle 4). Die höchste Temperatur seit ca. 75 Jahren war 36,8 im Jahre 1868. Sie reicht lange nicht an die im Sommer 1911 in Deutschland und anderen Ländern des Kontinents gemessenen Hitzegrade; in Venedig war im Sommer 1911 die höchste Temperatur 35,5. Andererseits bleibt das Minimum von 50 Jahren mit —11° weit über den auf dem Festlande gemessenen Kältegraden. Temperaturen von —10° und darunter wurde nur in 3 Wintern an einzelnen Tagen beobachtet. Aus einer Berechnung der Jahre 1860—79 ergibt sich folgendes:

Es wurden beobachtet Tage mit mittlerer Temperatur:

von 5 bis 0°	6,40 Tage
0 „ 5°	42,16 „
5 „ 10°	77,74 „
10 „ 15°	64,30 „
15 „ 20°	63,35 „
20 „ 25°	72,14 „
25 „ 30°	36,33 „
30 „ 35°	1,55 „

Die große Mehrzahl der Temperaturen liegt also zwischen 5 und 25° (277,74 Tage).

Für das Wohlbefinden von großer Bedeutung sind die täglichen Temperaturschwankungen, der Wechsel zwischen Tagen und Nächten. In dieser Beziehung ist das hiesige Klima vor allem mild.

Tabelle 6.

Temperaturschwankung zwischen mittlerem Tagesmaximum und -minimum nach Monaten und Jahren (1903—1910)[1])

	Januar	Februar	März	April	Mai	Juni	Juli	August	Sept.	Oktober	Nov.	Dez.
1903	5,2	5,7	6,7	6,8	7	7,1	7,3	8,1	8,4	6,5	6,1	4,1
1904	5,7	5,4	5,4	5,3	7,4	7	9,1	8,2	6	4,7	5,4	5,2
1905	5,7	6,2	5,3	5,7	4,8	6,5	7,4	6,8	6,4	5,6	3,6	4,7
1906	4,7	4,8	5,5	6,8	6,1	6,6	6,5	6,7	7,4	5,2	4,6	3,5
1907	4,7	4,9	7	5	7,3	6,8	7	6,8	6,8	4,4	3,7	3,5
1908	6,2	6,4	5,1	5,7	6,8	7,2	7,1	5,6	6,9	6,5	4,8	3,8
1909	4,8	4,8	4,4	6,5	6,8	6,4	7,2	6,6	6	5,5	4,2	3,1
1910	3,3	3,6	5,2	5,3	5,8	6,7	7,4	6,7	5,5	5	4,1	2,8
1903—1910	5	5,2	5,6	5,9	6,2	6,8	7,4	6,9	6,6	5,4	4,6	3,8

Tabelle 6 gibt aus den Messungen der letzten 8 Jahre den Durchschnitt der Differenz zwischen höchster und niederster Tagestemperatur, der die tägliche Temperaturschwankung für jeden Monat darstellt. Wir sehen, wie diese Schwankung bis Juli steigt und im Dezember ihr Minimum erreicht. Ein Vergleich mit den Temperaturen der Tabelle 4 zeigt auch, wie

[1]) Auszug aus den Tabellen des Observatoriums.

selbst in den heißesten Tagen im Juli und August die Nachttemperaturen auf ein angenehmes Niveau fallen. Dies macht sich am meisten in den exponiertesten Teilen der Stadt (Riva degli Schiavoni, Zattere und vor allem am Lido mit seiner stets bewegten Luft) geltend. Schwüle Nächte gibt es dort selbst in den heißesten Monaten kaum, während in der Stadt selbst an einzelnen Nächten, selten aber in längerer Folge diese erfrischende nächtliche Abkühlung nicht erreicht wird. In dem sehr heißen Sommer 1911 war in den heißesten Julitagen die tägliche Schwankung 10° und mehr[1]).

Die milde Nachttemperatur erlaubt den Aufenthalt im Freien ohne Gefahr bis tief in die Nacht hinein, im Juni, Juli und August fast ohne jede Vorsichtsmaßregel, im Mai und September mit leichter Bedeckung. Dies ist ein sehr hoch einzuschätzender Vorzug gegenüber vielen Sommerkurorten des Gebirges, wo die Sonnenstrahlung tagsüber sehr intensiv ist und nachts starke Abkühlung durch Wärmeausstrahlung eintritt, wo nach heißen Tagen die plötzlich hereinbrechende kalte Nacht Gesunde oder Ruhebedürftige bei Sonnenuntergang schleunigst nach Hause zu gehen zwingt. Wie sehr man die milden Nächte hier zu schätzen weiß, zeigen das fröhliche Hin- und Hergleiten der zahlreichen Gondeln, die bis gegen Mitternacht das Wasser beleben, und die vollbesetzten Dampfer, die zwischen Venedig und Lido noch eine Menge Besucher hin und her tragen. Überall ist auf dieses vormitternächtliche Leben Rücksicht genommen. Wer Musik liebt, kann auf dem Markusplatz oder der Riva, im Stabilimento auf dem Lido und den Restaurants zu seinem Recht kommen; wer die Ruhe liebt, ist mit wenig Ruderschlägen weit ab von allem Lärm. Für Menschen, die nicht sehr empfindlich sind, ist es, wenn eine Veranda oder Terrasse zur Verfügung steht, ohne Gefahr möglich, im Freien zu schlafen, jedenfalls aber die Fenster weit offen zu lassen.

---

[1]) Die mittlere Tagestemperatur wird berechnet aus der Summe der Temperaturen von 6 Uhr und 9 Uhr vormittags, 3 Uhr und 9 Uhr nachmittags, mit 4 dividiert. Die Temperaturen um 9 Uhr morgens und 9 Uhr abends entsprechen etwa dem Tagesmittel. Das Tagesmaximum liegt im Sommer zwischen 2 und 3 Uhr, im Winter zwischen 1 und 2 Uhr, das Minimum ist von April—September um 3 Uhr morgens, Oktober—März 6 Uhr morgens.

Die Wasserverdampfung

ist entsprechend der Lage Venedigs in einem großen Verdunstungsbecken recht erheblich. Sie übersteigt die Menge der Niederschläge um das 2,04 fache; sie steigt mit der wärmeren Jahreszeit und dem Stand der Sonne, hat ihr Maximum Juni bis August und sinkt in einer ziemlich regelmäßigen Kurve gegen die kältesten Monate (s. Tabelle 4).

Sie wird beeinflußt von der Heiterkeit des Himmels — bei bedecktem Himmel und hoher Feuchtigkeit ist sie geringer — und von der Sonnenstrahlung: bei stärkstem Sonnenschein ist sie am bedeutendsten. Man kann beim Studium der Tagestabellen des Observatoriums bemerken, wie an Tagen erheblicher Feuchtigkeit, meist auch einen Tag vorher, die Verdunstung oft stark vermindert ist, wenigstens in den Sommermonaten.

Die Bedeutung der Verdunstung für die Hygiene besteht darin, daß sie je höher sie steigt, destomehr die hohen Lufttemperaturen mildert, kühlend wirkt und in ihrer Einwirkung auf den Menschen somit eine Art Reguliervorrichtung für exzessive Temperaturen darstellt.

Der Luftdruck

ist auf dem Meeresniveau dem normalen von 760 sehr nahe (Durchschnitt in 50 Jahren 760,63, auf Null reduziert). Er schwankt in geringen Grenzen, die meteorologisch für den Wechsel der Winde und den Stand der Atmosphäre von Bedeutung sind, aber zu gering sind um eine therapeutische Wirkung zu haben. Auch die Verteilung auf die einzelnen Monate (Tabelle 4) zeigt keine Regelmäßigkeit und ist ohne direkte Beziehung zu den übrigen hygienisch-klimatischen Faktoren, die in regelmäßigen Kurven verlaufen.

Luftbewegung.

Über dem weit vorspringenden Gebäude der Dogana schwebt auf der goldenen Weltkugel, das Segel in den Händen, die wechselnde Fortuna. Sie mußte in alten Zeiten den Schiffern, die ihre Galeeren ins Meer hinausführten, sagen, von welcher Seite der Wind kam, ob sie es wagen konnten, ihr wertvolles Gut dem trügerischen Meere anzuvertrauen. Uns sagt sie längst nicht mehr genügend. Nicht weit dahinter, unter der bescheidenen Kuppel des Observatoriums, stehen eine Menge Apparate, die selbstregistrierend und -messend, uns über alle Änderungen der Atmosphäre Auskunft geben. Den Dienst der gewaltigen Fortuna tut dort ein bescheideneres, aber auch genaueres Instrument, der Anemometer.

Die offene Lage von Venedig und Lido bringt es mit sich, daß alle Winde freien Zugang haben; das ganze Jahr über ist die Luft bewegt. Daß Venedig trotzdem alles nur kein windiger Ort ist, ergibt sich aus den Resultaten der 50 jährigen Aufzeichnungen des Observatoriums über die Winde, ihre Richtung Häufigkeit und Stärke.

Die Bewegungen der Atmosphäre Venedigs stehen unter dem Einfluß des Adriatischen Meeres, des Apennin, der Julischen und Kärtner Alpen einerseits, der Alpen Vicenzas andererseits. Sie zeigen in den einzelnen Jahren einen hohen Grad von Regelmäßigkeit.

Der häufigste Wind überhaupt ist der Nordost, Greco genannt, der nahezu ein Viertel aller Jahreswinde darstellt. Als zweithäufigsten finden wir den Nord-Nordost, als dritten den. Südost. Alle anderen treten an Häufigkeit dagegen zurück. Die Nord- und Südwinde sind weitaus am häufigsten mit Ostwinden kombiniert. Die Westwinde sind seltener, nur im Dezember als einzigem Monat ergibt der Durchschnitt der 50 Jahre ein leichtes Überwiegen des Nordwest über Nordost. Die häufigsten Winde sind also alle auf der ersten Hälfte der Windrose.

Die folgende Tabelle 7, die den Jahren 1905/10 entnommen ist, aus denen mir die täglichen Aufzeichnungen zu Gebot standen, ergibt bei Berücksichtigung der 8 Hauptwindrichtungen ähnliche Resultate und zeigt die Verteilung der Winde in den einzelnen Jahren und Monaten. Es fällt dabei die Gesetzmäßigkeit auf, mit der der Nord-, Nordost-, Nordwest- und Westwind im Sommer ab- und im Winter zunehmen, während umgekehrt der Südost- Ost- und Südwind den Sommer beherrschen und im Winter selten sind, der Südwestwind dagegen sich ziemlich gleichmäßig über das Jahr verteilt.

Tabelle 7.

Windrichtung 1905—1910 (3mal täglich beobachtet).

A. Verteilung auf die Jahre

	N	NE	E	SE	S	SW	W	NW	Calmen
1905	176	168	46	224	68	114	60	134	122
1906	104	184	49	156	68	66	23	76	367
1907	202	217	86	127	222	85	36	90	30
1908	207	213	79	106	227	101	37	93	32
1909	152	279	86	251	53	83	42	113	31
1910	188	235	91	237	94	74	50	84	44
	1029	1296	437	1101	732	523	248	590	626

B. Verteilung auf die Monate.

	N	NE	E	SE	S	SW	W	NW	Calmen
Januar	110	130	19	4	8	42	56	101	91
Februar	83	158	32	40	50	39	16	34	68
März	62	119	55	108	66	52	15	25	38
April	38	122	64	151	62	31	8	25	40
Mai	39	86	66	173	73	42	3	29	44
Juni	34	57	41	169	96	58	7	34	38
Juli	48	78	40	155	92	38	7	45	59
August	69	97	44	130	103	28	13	35	48
Septemb.	129	84	25	95	83	30	15	31	66
Oktober	143	106	24	48	65	38	15	45	69
November	132	108	19	15	8	61	47	90	42
Dezember	142	151	8	13	16	64	46	97	23

Daß der „Greco" vorherrscht, könnte an sich überraschen. Nach der geographischen Lage Venedigs müßten wir ein Überwiegen von Südost oder Südwest als Teil der vom Äquator zum Nordpol ziehenden Luftströmung erwarten. Es ist jedoch anzunehmen, daß der größte Teil dieser Strömungen durch den Apennin nach Westen abgelenkt wird. Der Nordost ist meist ein tiefer Wind, zu tief, um über die Alpen kommen zu können und wir müssen jedenfalls für den größten Teil unserer Nordostwinde annehmen, daß sie ursprünglich aus dem Süden stammen. Der Wind streicht an der adriatischen Küste herauf und wird von den Julischen und Kärntner Alpen derart abgelenkt, daß er als Nordost gegen Venedig kommt. Aus seiner Herkunft vom Adriatischen Meer erklärt es sich auch, daß er vor allem der regenbringende Wind und feuchter ist als die Südwinde. Die

Südwinde wiederum sind zum Teil anzusehen als ein Zweig der starken westlichen Luftströmung des Atlantischen Ozeans, die bei Gibraltar hereinströmend die Mittelmeerküste beherrscht und an den Gebirgen der Griechischen Halbinsel gegen Norden nach der Adria abgelenkt wird. Somit wäre der Nordost ein 2 fach gebrochener West, ein Teil von jenen stürmischen Winden, die dem Golfstrom folgend, an den Küsten von England, Irland und bis hinein in die Nord- und Ostsee ihre starke Wirkung entfalten.

Die Verteilung der Winde auf die einzelnen Monate gibt Tabelle 4. Ein genaueres Studium war mir möglich aus den Tabellen des Observatoriums 1905/1910. Aus dem Resultat dieser Beobachtungen der letzten Jahre (Tabelle 7) geht hervor, daß der Wechsel der Winde in dieser kurzen Zeit im wesentlichen derselbe ist, wie im Durchschnitt der 50 Jahre, daß also auch in kurzen Zeiträumen eine große Konstanz der Windrichtungen in jedem Monat zu beobachten ist. Im einzelnen stellt er sich folgendermaßen dar:

Januar und Februar zeigen durchaus vorherrschend NE und N, der Januar auch den W. Südwinde sind selten, im Februar etwas häufiger.

Im März herrschen die Nordströmungen zwar noch vor, doch kommen SE und S sehr zur Geltung. NW wird selten.

Im April herrscht schon SE über NE und S über N vor.

Im Mai, Juni, Juli beherrschen SE und S durchaus das Bild. Die Nordströmungen treten aber stets in gewisser Häufigkeit als nächtliche Landwinde auf.

Auch im August herrscht bald SE und S noch vor, bald NE und N. Letztere kommen nicht nur bei Nacht, sondern auch bei Tag mehr zur Geltung.

Im September beginnen NE und N wieder zu überwiegen. Es ist der Monat, in dem regelmäßig der Umschlag zwischen den sommerlichen Süd- und den herbstlichen nördlichen Strömungen erfolgt.

Oktober, November, Dezember sind die Monate der durchaus vorherrschenden Nordwinde, wobei N und NE etwas überwiegt. Die südlichen Strömungen sind im November und Dezember sehr gering; dafür treten in diesen Monaten, hauptsächlich im Dezember die NW-Winde mehr in den Vordergrund.

Der Tageszeit nach herrscht morgens auch in den heißen Monaten nördliche, häufiger noch nordöstliche Strömung vor. Von 9 Uhr morgens bis zum Abend bläst in den warmen Monaten meist Südost-, in den kälteren meist Nordostwind. Dieser Tageswechsel zwischen N und S im Sommer entspricht dem an der See regelmäßigen Wechsel zwischen Land- und Seebrise.

Am meisten spürt man diese Brisen am Lido, der im Sommer immer bewegte Luft zeigt, im Frühjahr und Herbst recht frisch und in der kalten Jahreszeit sehr windig sein kann. Fast ebensosehr ist die Bewegung zu spüren an den exponierten Südufern, Riva degli Schiavoni, Anfang des Canal Grande und Zattere. Das Nordufer, die Fondamente Nuove ist im Sommer erheblich kühler als die Südufer und wäre der stärker fühlbaren Nordwinde wegen sehr viel erfrischender, kommt aber für Nichtvenezianer bei der abgelegenen Lage und der schlechten Verbindung mit dem Zentrum und dem Hauptverkehr der Stadt nicht als Wohnplatz in Frage. Es ist auch in keinerlei Weise dort für vorübergehenden Aufenthalt gesorgt. Ferner aber genießt man überall in den hochgelegenen Wohnungen vom 2. Stockwerk an den erfrischenden Luftwechsel. Die altvenezianische Holzveranda auf den Dächern, auch größere Terrassen bringen noch Kühle, wenn tiefer unten keine Bewegung der Luft mehr zu spüren ist.

Zu dem Vorzug regelmäßig wechselnder Winde gesellt sich eine im Durchschnitt recht mäßige Windstärke. Der mittlere Jahresdurchschnitt ist bei 3 maliger täglicher Messung (9 Uhr, 3 Uhr, 9 Uhr) 2,5 Sekundenmeter, also weniger als die mittlere Luftgeschwindigkeit im Freien, die Rubner (13) mit 3 bis 4 m angibt. Auch die Extreme sind nicht stark. Während recht selten eigentliche Windstillen beobachtet werden, (1905—10 auf 1095 Messungen jährlich 106), sind auch die stärkeren Winde selten. 1836—85 wurde als höchste Windstärke 15,3 Sekundenmeter gemessen; die Mehrzahl der starken Winde bleibt zwischen 8,5 und 10 m. So waren 1881—85, der windreichsten 5-Jahresperiode von 1836—1885 nur 113 Winde von mehr als 8,3 m zu verzeichnen. Nach Beauforts Skala entspricht die durchschnittliche Stärke des Windes in Venedig dem „leichten Wind“ (Nr. 2), die meisten darüber hinausgehenden sind „schwache“, „mäßige“ und „frische“ Winde (Nr. 3, 4, 5) und das beobachtete Maximum reicht kaum an die Bezeichnung stürmisch (Nr. 8). Dieser milde Charakter der Windbewegung läßt es auch nie zu sehr rapiden Temperaturstürzen kommen.

In der durchschnittlichen Windstärke der einzelnen Monate ist wenig Unterschied. Im Februar und November ist sie am geringsten. Zwischen Februar und Mai steigt sie langsam, fällt dann wieder ebenso ab und hebt sich im Dezember und Januar wieder etwas stärker.

Dieser dauernde Wechsel leichter, mäßiger und frischer Winde wirkt regulierend auf Wärme und Feuchtigkeit. Er ist nicht stark genug, um intensiv anregend zu wirken, wie die starken Winde im Gebirge und in den nördlichen Bädern (mit Ausnahme des Monats Mai). Auch von dieser Seite her charakterisiert sich Venedig-Lido als ein Kurort von milder, beruhigender Wirkung, die mehr sedativ auf Erregungszustände als anregend für schlaffe, gedrückte und schwächliche Personen wirkt.

Die einzelnen Winde haben ihre Eigentümlichkeiten, die dem wetterkundigen Barcaiuolo wohlbekannt sind.

Die Nordostwinde „boreali“ oder „grecali“ sind häufig recht stark, bringen nicht selten Regen, im Winter Kälte und auch bisweilen Schnee. Aus NE kommen die unregelmäßigen Stürme, ebenso die stärksten Kältegrade. Man unterscheidet zwischen dem feuchten, eigentlich aus SE stammenden NE und dem frischen trockenen, der von den Alpen kommt, schönes Wetter bringt und auch an heiteren Tagen immer morgens als „Landwind“ bläst.

Der Ostwind „levante“ ist weniger feucht als der „greco“ oder Scirocco; er stammt aus Istrien oder Dalmatien. Oft ist er begleitet von Barometerschwankungen, weht vor allem im vorgerückten Frühling und bringt manchmal viel Regen in der nahen Ebene und Schnee in den Bergen. Kommt er mehr aus ESE, so rührt er das Meer stark auf und ist gefährlich für die Uferschutzbauten. Er dauert meist 1 bis 3 Tage und fällt oft mit den Mondphasen und den Hochwassern der Äquinoctien zusammen.

Der Südwest „garbino“ tritt vor allem im Sommer auf mit plötzlichen stärkeren Windstößen aus SW oder den benachbarten Radien der Windrose. Das Volk nennt sie „refoli“. Er flaut abends oder gegen die Nacht ab, rührt die Lagune oft stark auf, aber mehr oberflächlich ohne Erhöhung des Niveaus und auch auf dem Meer ist er nicht gefürchtet. Er kühlt und trocknet die Luft, bewirkt aber im ganzen wenig atmosphärische Änderungen. Das Sprichwort sagt: „il garbino lascia quello che trova“ — er läßt das Wetter wie er es findet“.

Der Südost führt den Namen Scirocco, eine Bezeichnung, unter der häufig auch die benachbarten Winde zusammengefaßt werden. Er ist etwas gänzlich anderes als der gefürchtete Scirocco Süditaliens, der aus Süden bzw. Südwesten von der Sahara herkommt. Unser Scirocco hat nach Jahreszeiten recht verschiedene termometrische und hygrometrische Eigenschaften, die sich fast diametral entgegengesetzt sind. Es gibt einen feuchten, warmen und einen frischen Scirocco. Wegen des Vorherrschens dieses in den meisten Fällen angenehmen Windes im Sommer das hiesige Klima als sciroccal zu bezeichnen, hat gar keinen Sinn, weil sich darunter nichts einheitliches verstehen läßt. Der SE bringt im Sommer die Sommerstürme, die oft gegen das Solstitium zu Niveauerhöhungen der Lagune führen. Für den Schiffer ist er recht lästig und bösartig, rührt den Grund tief auf, ist ein gefürchteter Feind der Uferschutzbauten und führt, weil er gegen die Mündung der Flüsse und Lagunen drückt, oft zu Überschwemmungen an den Küstenstrichen und Erhöhung des Wasserspiegels der Lagune. Der Sommer-Südost ist jedenfalls nur ein Ausläufer der westlichen, aus dem atlantischen Ozean stammenden Strömung und hat somit dieselbe Herkunft wie der Nordost.

Die westlichen und nordwestlichen Winde „ponente“ und „maestro“ sind Landwinde und bringen vor allem oft Gewitter, auch die bisweilen auftretenden Wirbelwinde. Es ist anzunehmen, daß sie ihren Feuchtigkeitsgehalt vom Gardasee beziehen. Man weiß, daß diese Winde es sind, die in der Gegend von Vicenza und Treviso am häufigsten Regen bringen, und es läßt sich hier oft beobachten, wie Gewitter von Nordwesten kommend, nördlich über Venedig hinweg ziehen, ohne sich zu entladen.

Die Niederschläge.

Die atmosphärischen Niederschläge zeigen hier eine charakteristische Seite. Sie kommen fast durchweg als kurze Unterbrechungen des heiteren Wetters. Regenperioden, wie sie nördlich der Alpen oft auf längere Zeit dem ganzen Wetter den Stempel des Düsteren, Trostlosen aufdrücken, gibt es hier sehr selten. Der Nordländer wundert sich oft, wie hier ein Regen und eine Bewölkung, die wochenlange Landregen vorauszusagen scheinen, in wenigen Stunden einem vollständig blauen Himmel Platz machen können. Die durchschnittliche Niederschlagsmenge im Jahre, am Pluviometer gemessen (50 jähriger Durchschnitt), ist 790 mm, etwas mehr als in Deutschland (710 mm), etwa ebensoviel wie in Süddeutschland (820 mm) weniger als sonst in Oberitalien und viel weniger als auf der anderen Seite des Adriatischen Meeres (Triest 1093 mm, Abazzia 1905—1908 1554 mm).

Die Verteilung über die Monate zeigt keine große Verschiedenheit, vgl. Tabelle 8. Die Wintermonate sind etwas

Tabelle 8.

Verhältnis zwischen Regentagen und Niederschlagsmenge (1836—85).

	Januar	Februar	März	April	Mai	Juni	Juli	August	Septbr.	Oktober	Novbr.	Dezbr.
Regentage	6,7	5,9	8,1	9,5	11,1	8,8	6,6	7,1	8,2	9,7	9,2	7,3
Niederschlag in mm	42	39	49	61	78	76	69	70	82	98	78	49

regenärmer. Von den 790 mm fallen ziemlich genau $^2/_5$ auf Winter und Frühjahr, $^3/_5$ auf Sommer und Herbst. Es zeigt sich darin eine wesentliche Verschiedenheit gegenüber allen Teilen Deutschlands und Österreichs, die nach Rubner regelmäßig in den Sommermonaten erheblich mehr Meteorwasser aufweisen.

Regentage, d. h. Tage, an denen so viel Regen fällt, daß er eben im Pluviometer meßbar ist, sind es durchschnittlich 98,5 (schwankend zwischen 140 im Jahre 1852 und 40 im Jahre 1858). Sie geben, allein genommen, kein charakteristisches Bild der Regenbewegungen, dagegen im Vergleich mit der Menge. Aus

Tabelle 8 können wir ersehen, daß es im Winter selten und wenig, im Frühjahr häufiger aber wenig, im Sommer selten aber reichlich und im Herbst häufiger und stärker regnet. In der warmen Zeit, Juni bis Mitte September, sind ganze Regentage mit einem von morgens bis abends dauernden Niederschlag fast nie zu beobachten. Der Regen beschränkt sich in diesen Monaten meist auf wenige Stunden, und zwar sind es vorzugsweise abendliche oder nächtliche Gewitter die Kühlung bringen und auf dem Pflaster der Stadt und dem Sand des Lido am nächsten Vormittag kaum mehr Spuren zeigen.

Wie sich Venedig dem übrigen Italien gegenüber verhält, zeigen Beobachtungen von 1881—1900, die die Stadt mit 11 anderen italienischen Stationen vergleicht, wonach Venedig die geringste Regenmenge von Ober- und Mittelitalien hat und außer Ancona und Bologna die überhaupt geringste Anzahl von Regentagen aller dieser italienischen Stationen.

Starke Gewitter treten etwa 20 im Jahre auf. Hagelschläge 3 mal, Schneefälle 6 mal, von denen aber meist nur 1—2 zu einer wirklichen kurzdauernden Schneedecke führten.

Die Winde, die vorwiegend den Regen bringen, sind, wie oben ausgeführt, der NE und zwar hauptsächlich diejenigen Nordostströmungen, die aus Brechung der Südwinde entstehen und daraus ihren Wasserreichtum erklären. Der SE (freilich nur in einzelnen Monaten), der NW, dessen Feuchtigkeitsgehalt wohl meist aus dem Gardasee stammt, SW und W nur bisweilen, N und S selten.

Wie die Häufigkeit der ersten 3 Winde mit der Regenmenge in den letzten 6 Jahren parallel geht, macht folgende Gegenüberstellung anschaulich:

	1905	1906	1907	1908	1909	1910
NE-, NW-, SE-Winde	526	416	434	412	643	556
Niederschlag in mm	1162	562	569	485	817	806

Ist bei einem aus NW kommenden Gewitter der herrschende Wind der feuchte Südost, so werden dadurch die Gewitterregen meist stark genährt. Das Volk, der Barcaiuolo, sagt:

„Nuvole da ponente non se leva mai per gnente“

(Wolken von Westen haben immer etwas zu bedeuten)

oder

„Co lampa da ponente no lampa per gnente“
(Wenn es im Westen blitzt, blitzt es nicht umsonst).

Wenn im Sommer die Alpen sichtbar werden, der Dunst sich hebt, ist es ein Gewitterzeichen, und niemals ist die Bergkette der Südalpen klarer zu sehen als nach einem Gewitter. Dagegen sind die Euganeischen Berge bei Padua bei gutem Wetter immer sichtbar. Anders im Winter, in dem die Alpen fast immer klar sind und ihre Sichtbarkeit klares Wetter bedeutet. Die von NW kommenden Regen sind aber nie von langer Dauer, wenigstens solange SE vorherrscht. Der Venezianer als halbes Amphibium ist überhaupt sehr wetterkundig. Eine Volksregel: „Wenn das erste Gewitter im Frühjahr von Norden kommt, und Hagel bringt, ist es ein schlechtes Vorzeichen für das Jahr; geht es von Nord nach Süd, so nehmen alle Gewitter des Jahres denselben Weg“ ist, für eine zehnjährige Periode studiert, als im wesentlichen richtig befunden worden; kommt dagegen das erste Gewitter aus Osten, so bringt das Jahr wenig und schwache Gewitter.

Einige der Regensprichwörter lauten:

„Nuvole fate a lana se non piove ancuo piove sta settimana“
(Lämmerwolken bedeuten kommenden Regen; regnet es heute nicht, so doch im Laufe der Woche“)
„Rosso di sera buon tempo se spera, rosso di mattina la piova xe viçina“
(entspricht auch unserer Wetterregel, „daß Abendrot gut Wetter bringt, Morgenrot Regen“).

Ebbe und Flut stehen in wenig auffälligen Beziehungen zum Regenfall. Eine sicher bisher beobachtete Tatsache ist folgendes: Wenn Regen droht, wird er so lange aufgehalten als das Wasser steigt. Mit Beginn der Ebbe setzt er ein. Dies trifft im wesentlichen auf den Winter zu; in den wärmeren Monaten ist eine abnorme und starke Flut ein Vorzeichen für Regen, während bei andauernd gutem Wetter der Wasserstand tief ist.

Die Farbe des Lagunenwassers weist oft auf Regen oder Wind hin, wenn das Wasser eine milchige trübe Farbe annimmt, die von dem aufgewühlten Sand herrührt. Man muß annehmen, daß bei gewissen inden sich die Bewegung im Wasser besonders tief fortpflanzt, auch ohne daß eine sehr starke Wellenbewegung entsteht. Der Schiffer sagt: „Wenn das Wasser aufgeregt ist, (xe irabiada) wird das Wetter schlecht und wenn es nach dem Regen nicht rasch seine gewöhnliche Farbe wieder annimmt, regnet es weiter".

Beziehungen zur Feuchtigkeit. Bei bedecktem Himmel und drohendem Regen besteht ein hoher Feuchtigkeitsgrad neben geringer Dampfspannung, was im Winter mit Temperatursteigerung, im Sommer mit Erniedrigung und regelmäßigem Sinken des Barometers einhergeht.

Wenn nach längerem Regen der Sättigungsgrad der Luft langsam Linie um Linie zurückgeht, bedeutet das Besserung des Wetters, sonst regnet es weiter.

Die Heiterkeit des Klimas

ist ein so wichtiger Punkt für das Wohlbefinden von Gesunden und Leidenden, daß sie bei der Wahl eines Aufenthaltes oft allein den Ausschlag gibt. Sie hängt im wesentlichen vom Sonnenschein ab. Je heiterer ein Klima, desto ausgiebiger läßt sich die Wirkung des Sonnenscheins ausnutzen.

Wie viele lockt die „Sonne des Südens" nach Italien, und wie manche sind enttäuscht, weil sie nicht wissen, was sie für die Zeit ihres Aufenthaltes von dieser Seite zu erwarten haben.

Arzt und Laie fordern mit Recht eine schärfere Fassung und Begründung des schönklingenden Wortes „Heiterkeit". Man hat sie von jeher auf verschiedenstem Wege zu messen gesucht, in einer Weise, die einen wissenschaftlichen Vergleich mit anderen Orten erlaubt. Gewiß hat jedes Jahr seine eigene Witterungsgeschichte, aber doch zeigt jeder Ort seine spezifische Wetterphysiognomie, die man vor allem kennen muß bei Orten, in denen sie Jahr für Jahr so gleichbleibend ist wie in Venedig.

Einer der Faktoren ist der Regen, von dem wir eben gesehen, daß er wegen der meist kurzen Dauer und des sehr raschen Trocknens des Bodens den Aufenthalt im Freien nie lange stört. Praktisch hat es noch wenig Zweck, von der Menge der „heiteren" und „bewölkten" Tage zu sprechen, solange man nicht festlegen kann, was man genau darunter zu verstehen hat. Der einzige überall gleichbleibende Begriff ist der der „ganzbedeckten" Tage ohne Sonnenschein. Solche Tage sind hier von 1906—1910 jährlich nur 60 beobachtet, ein weiteres glänzendes Zeugnis für die Heiterkeit des venezianischen Himmels. Wie sie über die Monate verteilt sind zeigt Tabelle 4.

Ein noch objektiveres Bild gibt aber die Messung der Sonnenscheinstunden (mit dem Campbellschen Sunshine-recorder), wie sie jetzt überall ausgeführt wird. Von jedem Ort wird berechnet, wieviel Stunden am Tage die Sonne überhaupt scheinen kann. Vergleicht man damit die Zahl der Stunden, die sie wirklich geschienen, so bekommt man eine annähernde Antwort auf die Frage, welchen Teil der Sonnenwirkung und wieviel Sonne überhaupt man ausnützen kann. Diese Messungen werden hier leider erst seit Anfang 1911 gemacht, so daß ich die Zahlen nur für dieses Jahr angeben kann. 1911 ist aber nicht einmal besonders günstig, da Winter und Frühjahr heuer mehr Feuchtigkeit und Niederschläge zeigten, als sonst im Durchschnitt und der heiße Sommer zwar mehr Hitze, aber nicht mehr Sonne als sonst gebracht hat. Der Vergleich mit einer Reihe anderer Städte zeigt, daß Venedig zu den sonnenreichsten Städten sogar im Lande des ewigblauen Himmels gehört. (Vgl. Tab. 9.)

Tabelle 9.

Sonnenscheinstunden.

	Chemnitz	Hamburg	Wien	Padua	1911 Venedig	Rom	Palermo
Januar	46	30	67	98	156	116	104
Februar	67	60	85	131	134	141	110
März	106	91	130	150	140	155	153
April	152	150	165	181	203	187	172
Mai	201	195	241	209	210	234	216
Juni	219	164	232	236	310	287	297
Juli	205	136	269	285	333	343	333
August	200	157	243	283	305	322	313
September	139	133	175	203	241	228	229
Oktober	96	64	99	130	142	177	181
November	86	37	62	77	81	134	135
Dezember	50	31	49	75	95	109	88
Prozent der mögl. Sonnenscheindauer	35	28	41	46	52	55	52
Monat der höchsten Prozente	Juni 45	Mai 56	Juli 56	August 65	Juli/August 70	Juli 75	August 76

Ich lege aber hier die Betonung vor allem auf den sonnenreichen Winter, denn im Sommer ist dessen wirklich nicht zu wenig. Zimmer, die mit breiter Front gegen Süden gelegen sind, werden auch im strengsten Winter so warm, daß während der Sonnenscheinstunden Heizung überflüssig ist. Die Fülle des Sonnenscheins entschädigt auch dafür, daß in den kältesten Monaten die Temperatur tiefer ist als an der Riviera und einigen südlichen Alpentälern. Hier tritt den Tag über die Sonnenstrahlung an Stelle der geringeren Luftwärme.

In welcher Weise diese Summe von günstigen klimatischen Bedingungen für Gesunde, Erholungsbedürftige und Kranke verwertbar ist, wird der Gegenstand eines späteren Abschnittes sein.

Untergrund, Wohnungen und Trinkwasser.

Der Untergrund, auf dem Venedig steht, hat für eine Stadt seinesgleichen nicht. Ein wichtiger Punkt für die Schwankungen im allgemeinen Gesundheitsstand einer Stadt ist immer der Stand des Grundwassers im Boden und seine Niveauänderungen. Für Venedig kommt das überhaupt nicht in Frage. Venedig hat kein Grundwasser im gewöhnlichen Sinne. Die wasserundurchlässige Lehmschicht, die sich sonstwo überall im Untergrund findet und den Boden für das Grundwasser abgibt, liegt hier im Mittel 1,20 m unter der Hochwasserlinie. Das Straßenniveau liegt 70—100 cm oberhalb dieser Linie, und somit hat die Bodenschicht, deren Zustand für die Gesundheit der Stadt maßgebend sein kann, eine Dicke von rund 2 m; sie besteht aus Sand, Bauschutt, dem Schlamm, der gern für Aufschüttungen verwandt wird, und wird im übrigen eingenommen von den Fundamenten der Häuser, Mauern, Pfählen und dazwischengestampften Steinen. In dem so beschaffenen Grund steht durchschnittlich 1,20 m hoch das Meerwasser, dessen Spiegel — wie sich überall bei Fundamentierungsarbeiten und sonstigen Grabungen verfolgen läßt — vollständig den Bewegungen von Ebbe und Flut folgt, das heißt: Jede Flut bringt in den ganzen Untergrund frisches reines Meerwasser, jede Ebbe schwemmt aus ihm gelöste Bodenstoffe weg.

Die Verschmutzung des Bodens durch Versickerung des Oberflächenschmutzes bei starken Regenfällen fällt kaum ins Gewicht: Die ganze Stadt ist gepflastert mit dem sehr harten istrischen Trachyt; größtenteils sehr gut gepflastert. Regengüsse schwemmen den Bodenschmutz überall in die Regenwasserabläufe, die nach kurzem Verlauf einen Kanal erreichen oder in die Abwasserröhren einmünden, die unterhalb des Meeresniveaus liegen und überall von Salzwasser durchströmt sind.

In welchem Maße das Salzwasser bodenreinigend wirkt, geht aus der Tatsache hervor, daß die Holzpfähle, die in diesem Boden stecken, keine Verwitterungserscheinungen zeigen, soweit sie dauernd unter Wasser sind; sie sind keiner Zerstörung durch Fäulniskeime ausgesetzt, machen im Gegenteil eine Art Härtungsprozeß durch.

Aus dem Charakter des Untergrundes, wie ich ihn eben kurz geschildert habe, hat sich die eigenartige

Bauart des Fundaments

in Venedig entwickelt. Wegen der Tiefe der Lehmschicht, die allein als Baugrund in Betracht kommen kann, und der darüber gelagerten wasserdurchtränkten Schicht werden die Fundamente überall auf Pfähle gelegt, die dichtgedrängt 3—4 m tief in den Grund eingerammt werden. Die Zwischenräume werden mit geschlagenen Steinen ausgefüllt. Die Köpfe der Pfähle kommen so tief in den Boden, daß sie dauernd im Wasser und damit der Verwitterung nicht ausgesetzt sind. Über ihnen erhebt sich das Steinfundament.

Der nasse Untergrund hat aber eine hygienisch wohl zu beachtende Einwirkung auf die Wohnungen. Abgesehen von den wenigen neuen Häusern, in denen durch Asphaltzwischenschichten in den Mauern das Aufsteigen von Feuchtigkeit verhindert ist, neigen die Mauern der Parterreräume, teilweise auch der Mezzaninwohnungen zur Feuchtigkeit, weshalb sich diese Räume schlecht zum Wohnen eignen. Da sie selbstverständlich doch meist bewohnt werden, spielt dieser Faktor eine Rolle hauptsächlich in den Gesundheitsverhältnissen der Minderbemittelten, was, nebenbei gesagt, vielleicht der einzige hygienische Nachteil ist, den die Eigenart der Lage und Bauart Venedigs der großen Anzahl von Vorzügen gegenüberzustellen hat. Rheumatismen und Erkältungskrankheiten aller Art sind die Äußerungen dieser Feuchtigkeit.

Für den, der sich nur vorübergehend hier aufhält, fällt dieser Nachteil im ganzen kaum ins Gewicht. Trotzdem aber ist für den Gast Venedigs ein recht wichtiger Punkt die Frage nach

gesunden Wohnungen.

Der große Strom von Besuchern aller Nationen, der sich jährlich nach Venedig ergießt und deren Ansprüche, die in so manchem andersartig sind als die der einheimischen Bevölkerung, haben hier wie in vielen anderen italienischen Städten eine ziemlich scharfe Trennung zwischen den Wohnungen der Venezianer und der Fremden herausgebildet. Die Zahl der Hotels, Pensionen und möblierten Zimmer wächst jedes Jahr, und eine scharfe Konkurrenz auf diesem Gebiet sorgt dafür, daß jedes Jahr Vollkommeneres geboten wird. Gerade die letzten 10 Jahre haben ausgedehnte Verbesserungen gebracht. Es sind nur noch ganz wenige Fremdenwohnungen, in denen für Heizung keine Vorrichtung zu finden ist. Alle größeren Hotels und Pensionen haben Zentralheizung und eignen sich so zum Winteraufenthalt ebensogut wie zum Wohnen im Sommer. Auch findet sich schon in kleinen Pensionen meist ein Bad, Wasserspülung fehlt wohl nirgends mehr, die Beleuchtung ist vorzugsweise elektrisch.

Wie die einzelnen Wchnungen, so sind auch die Stadtteile, die sich für Fremdenwohnungen eignen, und in denen sich deren größter Teil befindet, auf bestimmte Lagen beschränkt. Den Hauptanforderungen, die an eine gesunde Wohnung zu stellen sind: Sonne, frische Luft und Mangel an Feuchtigkeit entspricht jedenfalls der größte Teil dieser Wohnungen. Am gesündesten sind die Südwohnungen vom Anfang des Canale Grande, die ganze Riva degli Schiavoni entlang, zugleich auch die schönsten. Sie genießen die Sonne und die Seewinde am unmittelbarsten. Hier haben sich die großen Hotels schon längst die besten und gesündesten Plätze gesichert. Mit breiten Fronten, zum Teil mit Terrassen und Gärten gegen Süden, sind sie für alle Jahreszeiten am besten gelegen. Es ist selbstverständlich — ich brauche hier darauf nicht näher einzugehen — daß hier besser als irgendwo sonst dem Fremden alle Ansprüche, die er an behagliches, gesundes Wohnen stellt, befriedigt werden. Zwischen diesen großen Hotels drängen sich besonders an der Riva eine große Anzahl von Pensionen und Privatwohnungen für Besucher der Stadt ei, die alle dieselbe Fülle von Sonne und Luft genießen. Die Riva degli Schiavoni als breite, sonnige, belebte Promenade führt bis an die Giardini publici, den schön angelegten öffentlichen Park, der seine Entstehung an der Stelle von alten Klöstern Napoleon verdankt. Er beherbergt jetzt alle zwei Jahre die große internationale Kunstausstellung.

In ähnlich günstiger Lage sind die Zattere, die Südufer der Stadt, gegenüber der Insel Giudecca, deren Anwohnern wohl kaum ein Strahl der Sonne von morgens bis abends verloren geht.

Das Nordufer, die Fondamente Nuove, das im Sommer die kühlen Nordwinde mehr genießt, im Winter aber sehr kalt und rauh ist, bietet für vorübergehenden Aufenthalt so gut wie keine Wohngelegenheit.

Im Innern der Stadt gilt das Prinzip: je höher oben die Wohnung, desto besser. Wichtig ist immer, daß die Wohnräume nicht nach Norden liegen und wenigstens morgens und abends etwas Sonne haben. Wohnungen und Pensionen, die ganz ohne Sonne sind, sind durchaus zu widerraten. Im übrigen ist die gesündeste Lage hier überall das Ufer des Canal grande, die Südufer mehr als die Nordufer. Ein leidiger Nachteil der Palastwohnungen, die mit einer prunkvollen Zimmerreihe nach vorne eine Fülle Licht und Luft genießen, ist leider oft die stiefmütterliche Behandlung aller Nebenräume, deren Fenster auf dunkle Gassen, Kanäle oder Innenhöfe münden und die gesunde Lage der Haupträume wieder ausgleichen.

Schön und gesund sind auch Wohnungen, die auf Gärten hinaussehen, während die Anwohner großer Plätze im Sommer stark unter der reflektierten Hitze des Steinbodens zu leiden haben.

Wohnräume, die gegen Süden liegen und den ganzen Tag unter Sonne stehen, brauchen selbst im strengen Winter keine Heizung während der Sonnenscheinstunden; wer nicht stark empfindlich ist, kann gut zugedeckt stundenlang bei offenem Fenster oder auf dem Balkon liegen.

Der Lido ist so weitläufig bebaut, daß alle Wohnungen, auch die im Erdgeschoß, genügend Luft und Licht haben und nach dieser Richtung auch gesund sind. Das Erdgeschoß hat nirgends wie in Venedig feuchten Boden und Wände infolge Heraufziehens von Feuchtigkeit in den Mauern, denn an den meisten Stellen ist der Grund des Lido nicht mit Seewasser durchtränkt oder steht der Wasserspiegel tiefer. Im Sommer haben auch Nordzimmer stets morgens und abends etwas Sonne. Bezüglich der Gesundheit besteht zwischen See- und Lagunenseite kein wesentlicher Unterschied. Die Zimmer mit Front gegen das Meer, vor allem in den großen Hotels am Strand, spüren den Seewind sehr stark, sind deshalb auch am kühlsten. Wer die anregende

Wirkung des Seewinds nötig hat und vorzieht, kann ihn dort am gründlichsten genießen; nicht viel weniger in den oberen Stockwerken der vom Strand weiter abliegenden Häuser. Wer empfindlicher ist, wählt besser die Süd- und Westseite.

Das Trinkwasser.

Die eigenartige geologische Formation des Untergrunds hat Venedig früher eins versagt, ein gutes Trinkwasser auf eigenem Grund und Boden. Die Art und Weise, wie die alten Venezianer diese Schwierigkeit zu überwinden wußten, ohne den Vorzug der insularen Lage preiszugeben,war vor alters berühmt und vorbildlich für ähnliche Anlagen in der Kulturwelt. Tatsächlich sind auch die Regenwasserzisternen in ihrer Konstruktion für die damalige Zeit eine recht geniale Lösung, und sie haben in den ersten Jahrhunderten genügt, um das Wasserbedürfnis der Einwohnerschaft zu bestreiten. Hygienisch einwandfrei waren sie freilich auch nicht — wenn auch mehr als viele der üblichen Grundwasserbrunnen auf dem Festland. Eine große wasserundurchlässige Schale mit Sand gefüllt, in der Mitte ein Brunnenrohr, in dessen unteres Ende das durch das Sandfilter gereinigte Wasser einfließt, das aus eigenen Regenwassereinläufen und Sammelbehältern in den Sand eingesickert ist — das ist mit wenigen Worten der Bau dieser Brunnen. Dem wachsenden Wasserbedürfnis genügte aber der in diesen „pozzi“ vorhandene Wasservorrat nicht mehr, wenn lange regenlose Wochen aufeinander folgten. So wurde die Versorgung vom Festlande her nötig. Mitte des 16. Jahrhunderts legte man von der Brenta ausgehend den jetzt noch existierenden Wasserleitungskanal Seriola Veneta (s. Karte) an, aus dem bei Moranzano das Wasser entnommen, in Barken gefüllt und in Venedig in die Sammelbehälter der Zisternen gegossen wurde, wo es wie das Meteorwasser filtriert wurde. Hygienisch war das kaum ein Fortschritt. Dieser Zustand bestand bis 1884. Nach einem Zwischenstadium des Probierens ist nun seit 1889 eine Quellwasserleitung fertiggestellt, die gegenwärtig die einzige Wasserquelle für die Stadt ist, und deren Wasser dem besten Trinkwasser deutscher Städte nichts nachgibt (22). In S. Ambrogio bei Treviso durch Erbohrung eines unterirdischen Wasserlaufs in 10 m Tiefe mittels artesischer Brunnen gewonnen, wird es in einer unterirdischen Röhrenleitung bis Moranzano geführt, wo sich die Lagunenleitung anschließt, die auf Pfählen ruhend, unter dem Lagunenboden nach Venedig herüber in das Stadtreservoir kommt. Von hieraus erfolgt die Verteilung in das Röhrennetz der Stadt in üblicher Weise; wegen der Schwierigkeit der Herstellung eines Hochreservoirs wird das Wasser durch Saugdruckmaschinen in die Leitung gepumpt und hat selbst für die höchsten Stockwerke genügenden Druck.

Dieses chemisch und bakteriologisch sorgfältig geprüfte, ausgezeichnete Trinkwasser (22), mit dem auch die öffentlichen Brunnen gespeist werden, ist, man kann sagen das einzige Trinkwasser der Stadt, ein Umstand, der für die Hygiene von größter Bedeutung ist.

Alle Teile der Stadt, ebenso der zur Stadgemeinde gehörige Lido und Malamocco sind an das Netz angeschlossen. Die Furcht vor dem Trinkwasser, die vielleicht noch die Mehrzahl aller Besucher nach Venedig mitbringt, ist für die ganze Stadt und alle zu ihr gehörigen Teile seit 25 Jahren nicht mehr berechtigt.

Seit den letzten Jahren sind Bohrungen auf Quellwasser, die in Venedig selbst ausgeführt worden sind, erfolgreich gewesen. Erst in 150—170 m Tiefe gelangt man auf reichlichere Süßwasseradern, in einer Tiefe also, in der eine Verunreinigung von oben her gänzlich ausgeschlossen ist; die Analysen ergaben ausgezeichnete Qualität des Wassers und wenn die berechtigten Hoffnungen auf die Leistungsfähigkeit dieser artesischer Brunnen sich erfüllen, so kann in absehbarer Zeit Venedig neben seiner Quellwasserleitung vom eigenen Grund und Boden aus mit gutem reinen Trinkwasser versorgt werden.

Das Seebad Lido.

Venedig hat schon immer ein Gut besessen, das bis vor wenig Jahrzehnten nicht genügend geschätzt war, den Lido. Die sonnige, grüne Insel am Meeresstrand war in ihrer gesunden Lage früher nichts weiter als der Erholungsplatz und das Ausflugsziel der Venezianer.

In den ersten Jahrhunderten unserer Zeitrechnung soll sie noch sehr bevölkert gewesen sein, später mußten die Bewohner sich vor den Feinden auf die sicheren Laguneninseln zurückziehen (12). In römischer Zeit hatten die Vornehmen des untergegangenen Altino dort ihre Villen. Bis zum Jahre 900 reicht die Sitte zurück, daß die großen Versammlungen zur Dogenwahl auf dem Lido stattfanden. 1053 wurde in San Nicolo Kirche und Kloster San Benedetto gegründet und darin 1098 der Leichnam des heiligen Benedikt beigesetzt, der zahlreiche Wallfahrten von ganz Europa dorthin zog. Das Kloster bestand bis 1770. 1177 wohnten hier Kaiser Barbarossa und Papst Alexander III., bei der historischen Zusammenkunft, wie es heißt: „lieber in diesem Kloster als in einem der schönsten Paläste Venedigs.“ Kein Wunder, denn die Zusammenkunft fand Anfang August statt. 1202 kampierten bei dem Kreuzzug des Papstes Innocenz III. 40000 Menschen dort, und es wird rühmend hervorgehoben, daß keine epidemischen Krankheiten unter ihnen vorgekommen seien. Um die 1244 gebaute Kirche der heiligen Elisabeth gruppierten sich die Villen der reichen Venezianer, die dort ihre Güter hatten. Sie wurden aber bei den feindlichen Überfällen der Genuesen und Ungarn zerstört, mußten zum Teil auch strategischen Zwecken weichen, als die Forts auf dem Lido errichtet wurden.

Für alle Feste der Republik war der Lido stets der Hauptort. Von der Sitte, daß die Nacht des Redentorefestes auf dem Lido verbracht wird, und das gesamte Volk sich bei Sonnenaufgang ins Meer stürzte, besteht auch heute noch ein Rest. Zu allen Zeiten haben die verschiedenen Regierungen Venedigs auf dem

Lido wegen seines gesunden Klimas mit Vorliebe größere Truppenabteilungen in Kasernen untergebracht.

Die gesunde Lage des Lido wird stets betont im Gegensatz zu den wenig gesunden Niederungen der nahen terraferma; für uns hat dies nichts Überraschendes.

Als Seebad hat der Lido noch keine Geschichte. Vor 30—40 Jahren war um die vereinzelten Villen alles Gartenland, und es waren nur einzelne, man kann sagen Feinschmecker, die das Bad im Meer dem in der Lagune vorzogen. Noch Mitte des vorigen Jahrhunderts ist von einer ärztlichen Empfehlung der Meerbäder überhaupt nicht die Rede, ja sie wurden direkt widerraten (16). Die Überzeugung von damals, daß gerade das Bad in der Lagune und in den Kanälen der Stadt gesund sei, ist bei den Venezianern schwer auszurotten. Man kann heute noch erleben, daß Leute auf ärztliche Empfehlung in den Kanälen der Stadt anstatt in dem Meer baden.

Damals bestanden zwei Badeanstalten in der Lagune, eine seit 1833 an der Punta della dogana, wo jetzt die Torpedoboote ankern, eine zweite, die Marinebadeanstalt bei S. Giorgio Maggiore. Die Venezianer legten damals augenscheinlich noch weit mehr Wert auf die Wärme des Badewassers als jetzt. So hält 1847 der Arzt Namias (19) es zwar für möglich, und nicht allzukühn, bei weniger als 20^{0} R zu baden, meint dann aber wegen der kalten Bäder: „Was man ungestraft und sogar mit Vorteil bei den nördlichen Völkern tun kann, wäre ein törichtes Verlangen im Klima von Italien und bei den Verhältnissen von Venedig. Solches Ungestüm verursacht jedes Jahr Fieber und andere Störungen. Das zu kalte Wasser bewirkt Schüttelfröste und schwere Beklemmungen, hervorgerufen dadurch, daß das Blut von der Oberfläche in die Eingeweide zurückgedrängt wird.“

Solche Folgen der Bäder kann man auch heute noch beobachten, aber auch der Laie weiß, daß es nicht Folgen des kalten Wassers, sondern nur zu langen Badens sind, die auch nach wärmeren Bädern vorkommen. Den Venezianern mögen die Lagunenbäder gerade deshalb sympathischer gewesen sein als die Meerbäder, weil sie wärmer sind, wie wir aus den Vergleichen in Tabelle 3 ersehen können. Im Mai und Oktober ist es gewiß ein Vorteil und verlängert die Badezeit, im Hochsommer aber wahrhaftig entbehrlich.

Heute hat sich das gesamte Badeleben auf den Lido hinausgezogen. Der ganze Teil, der Venedig gegenüberliegt, ist von seiner Benutzung als Gartenland ganz zur neuen Bestimmung als Villen- und Badeort übergegangen. Die Voraussetzung für gesunden Boden: Regulierung der Kanäle, Auffüllung tiefliegender sumpfiger Stellen, Eindämmung der Lagunenseite mit Ufermauern, Einfassung der alten Kanäle mit Steinkais — alles in allem ein großes einheitliches Werk — ist seit etwa einem Jahrzehnt in Angriff genommen worden und zum größeren Teil beendet. Andere Arbeiten: Anlegung neuer Straßen, die Gründung eines Volksparks bei „Quattro fontane", der Neubau und die Vergrößerung des Aquariums und viele andere Verbesserungen und Verschönerungen sind im Werk.

Das alles ist im Interesse der Hygiene sehr zu begrüßen, und es werden damit die wenigen Nachteile, die der Lido von der früheren Zeit der Vernachlässigung noch besaß, völlig beseitigt. Der Lido ist noch jung genug, daß alle die großen kommunalen Fragen, zu denen besonders auch die Abwässerfrage gehört, nach einheitlichem, modernem Plane geregelt werden können, wie es größtenteils geschehen ist und weiter geschieht.

Wir kreuzen die fast 1 km breite Insel bis zum „Stabilimento dei Bagni" mit seiner breiten Terrasse, und vor uns dehnt sich das blaue Meer. Weit nach links bis zur Diga des Lidohafens, die man als hellen Streifen weit ins Meer hinausragen sieht, und ebensoweit nach rechts gegen Süden dehnt sich ein breiter, weißer Sandstrand. Etwa $2^1/_2$ km südlich wird das Ufer schmaler, und der Uferdamm mit den vorgelagerten, gewaltigen Steinblöcken tritt bis ans Meer heran.

Wer einige Sommer regelmäßig an den Lido gekommen ist, hat bemerken können, wie der Sandstrand immer breiter wird. Er wächst nicht überall gleichmäßig, in der Nähe des Stabilimento jährlich um etwa 3—4 m. Man hält die Diga der Lidoeinfahrt für die Ursache, die den freien Strom des Wassers entlang der Küste hindert. Lotungen und Messungen, die im Gang sind, werden in einigen Jahren die Frage beantworten, wie rasch diese Sandanschwemmung am Ufer fortschreitet, wo sie am stärksten, wo am geringsten ist, welchen Gesetzen sie gehorcht. An einzelnen Stellen hat sie schon ihr Maximum erreicht. Es ist anzunehmen, daß gegen Norden im Laufe der Zeit der ganze Winkel zwischen Diga und Lidoufer ausgefüllt wird. Die Neigung zur Bildung solcher Sandbänke ist dem Ufer entlang sehr groß. Eine vor 4 Jahren weit ins Meer hinaus geführte Brücke mußte wieder abgebrochen werden, weil sich um die Pfähle weit draußen eine lange Sandbank bildete, die die freie Wellenbewegung vom Ufer abzuschneiden drohte. Im übrigen ist das Breiterwerden des Sandstrandes kein Schaden. Wenn das Meer zu weit zurücktritt, werden die Badehütten hinausgerückt, und dasselbe muß in Zwischenräumen von mehreren Jahren auch mit dem Stabilimento geschehen.

Der Sand ist ungemein fein und weich, außerordentlich angenehm, darauf zu gehen. Algen und andere Seegewächse werden wenig an den Strand gespült, Holz und sonstige schwimmende Trümmer sehr selten und fast nur im Winter; dafür ist die Wasserbewegung zu gering. Vor allem gibt es hier keine Quallen, die ans Ufer gespült, so manchen Strand durch den Verwesungsgeruch gänzlich verpesten. Die herausgespülten Muscheln sind durchweg kleine Arten. Nur harmlose Krabben beleben den Strand und sind das Entzücken der spielenden Kinder.

Ebbe und Flut zeigt, wie wir bei der Lagune gesehen, eine mittlere Differenz von 56,5 cm. Das macht sich am Badestrand nur in einem langsamen Zurücktreten des Wassers um 10—20 m bemerkbar. Das gewaltige, starke Zurückfluten des Meeres, gegen das nur gute Schwimmer ankommen können, das deshalb den Badenden gefährlich werden kann, kommt während der Badesaison überhaupt nie vor. In den Monaten stärkeren Wechsels zwischen den Gezeiten, also im Vorfrühjahr und Spätherbst mag ja wohl auch die Wucht dieser Strömungen stärker sein, stört aber dann keinen Badenden.

Die Oberfläche ist wechselnd bewegt, bei größerer Windstärke, in erster Linie bei den rascheren Südwinden gibt es oft tüchtige Sturzwellen. Für gewöhnlich aber besteht nur eine leichte Wellenbewegung, die auch dem wenig geübten Schwimmer erlaubt, sich ohne starke Anstrengung weit hinauszuwagen, und das Wasser für Kinder ungefährlich macht.

Die geringe Menge schwimmender Bestandteile macht das Wasser ungemein klar und durchsichtig. Sein Salzgehalt ist, wie früher schon ausgeführt, etwas geringer als auf der an Zuflüssen armen dalmatinischen Küste, immer aber noch höher als in der Nord- und Ostsee. Wir haben früher gesehen, daß die Selbstreinigung der Lagune so gründlich ist, daß schon beim letzten Ausläufer von Venedig, der Insel S. Elena das Wasser in höchstem Grade keimarm ist, noch mehr an der Hafenmündung, die übrigens mehrere Kilometer vom Badestrand entfernt ist.

Die Temperatur des Badewassers ist naturgemäß recht verschieden. Auf dem flachen Strand und etwas entfernt vom Ufer beim Schwimmen nimmt man wahr, wie kältere und wärmere Strömungen in kurzen Abständen miteinander abwechseln. Die 5 jährigen Messungen des Genio civile im Hafen von Malamocco ergeben auch für das Wasser am Lidostrand, sobald man etwas über das seichte Ufer hinausgekommen ist, die zuverlässigsten Mittelwerte: Die Temperaturen sind mittags 12 Uhr:

April	14,38° C	Juni	24,59° C	September	21,77° C
Mai	17,72° C	Juli	25,60° C	Oktober	16,11° C
		August	26,8° C		

Etwas wärmer ist natürlich das Wasser, das mit jeder Welle den sonnenerhitzten Sand überspült.

Die Wasserbewegung und die Temperatur geben dem Lido seinen Charakter als mildes Seebad. Die Wasserwärme ist Ende Mai schon so hoch, wie in Norderney in der wärmsten Monaten, ebenso Ende September bis Anfang Oktober. Dagegen ist auch Anfang und Ende der Saison der Wellenschlag nie so stark wie in der Hauptsaison der nördlichen Bäder. Die Kältewirkung des Wassers ist zwar Mai und Oktober weit energischer als im Sommer, ebenso die Wasserbewegung, doch wirken sie nie so anstrengend wie die Nord- und Ostseebäder. Wer die stark anregende aufrüttelnde Wirkung des Seebades als solches, des Aufenthaltes im Wasser sucht, muß Anfang und Ende der Saison hierherkommen. Mit der zunehmenden Luft und Wasserwärme wird die Wirkung milder, und der anregende Effekt kommt langsamer. In den heißesten Wochen wird ihn deshalb der Gesunde häufig entbehren, während das Bad noch eine sehr angenehme Wirkung auf empfindliche Personen, auf Kinder und alte Leute hat, für die das nördliche Seebad überhaupt nicht in Frage kommt. In den heißesten Wochen hat das Wasser zeitweilig Charakter und Wirkung eines warmen Seebades. Ich sehe davon ab, an diesem

Punkt die besonderen Anzeigen der Lidoseebäder zu entwickeln, weil sie in ihrer Heilwirkung nie allein, sondern stets zusammen mit der Summe aller klimatischen Vorzüge: Luft, Sonne und Winde in Betracht kommen.

Dagegen komme ich noch auf einen Hauptvorzug des Lidobades zu sprechen. Auf dem flach abfallenden Strand ziehen sich in langen Reihen gut und bequem eingerichtete Badehütten (capanne) hin, viele Hundert an Zahl. Bei der Richtung des Strandes von Nord nach Süd sind die überdachten Vorplätze vom Mittag an ganz im Schatten, während der Strand die Sonne fast bis zum Untergang genießt. Die Hütten bieten dem Bewohner behaglichen Raum, um dort stundenlang, ja den ganzen Tag von morgens bis abends zu bleiben. In leichtester Bekleidung kann man nach Belieben im Sand oder im Schatten liegen, Strandspaziergänge machen oder sich in die Fluten werfen. Dieses

Badehüttenleben

ist es vor allem, was den eigenartigen Reiz des Lido ausmacht und in dieser Form meines Wissens in keinem Seebad zu finden ist. Ich messe ihm den allergrößten Teil der Wirkung auf Gesunde und Leidende bei. Bei der immer leicht bewegten Luft, die selten stark windig, nie stürmisch und kalt ist, bei den seltenen, kurzdauernden Niederschlägen, nach denen der Boden stets rasch wieder trocken ist und der fast ununterbrochenen Reihe schöner Tage ist ein so dauernder Genuß des Strandlebens, des Lebens im Freien, möglich, wie kaum sonstwo. Wer die heißen Juli- und Augustwochen in diesem Naturleben hier mitgemacht, wundert sich stets, wie wenig dabei die Hitze des Sommers fühlbar wird. Daß dieser Strandaufenthalt für Kinder, die hohe Wärmegrade überhaupt gut vertragen, das idealste Ferienleben ist, das man sich denken kann, ist leicht verständlich. Auf die Heilwirkung, die sich damit für gewisse Formen von Kinderkrankheiten verbindet, komme ich später zu sprechen.

Für hygienische Überwachung des Strandlebens und die Reinhaltung des Sandes ist gut gesorgt. Mißstände, wie sie früher zum Teil im Wegschaffen der Abfallstoffe bestanden, sind gründlich beseitigt. Hinter den Capannen stehen Süßwasserduschen zur Verfügung, die von der Trinkwasserleitung gespeist werden

Das große Stabilimento dei Bagni mit allgemeinem Bad und separater Damenabteilung enthält über 500 gut eingerichtete, sauber gehaltene Auskleidekabinen und eine Menge Süßwasserduschen. Der Badedienst ist gut geregelt. Für die sehr gut und stets sauber gelieferte Badewäsche ist eine eigene Wäscheanstalt da.

Der leichte Wellenschlag und die Wärme des Wassers verführen die Badenden leicht, zu lange im Wasser zu bleiben, weil die warnende Abkühlung, das leichte Frostgefühl erst sehr spät eintreten. Wenn robuste, gesunde Naturen es auch vertragen können, stundenlang im Wasser zu bleiben — ein Vorteil ist es auch für sie gewiß nicht —, so kann es für weniger kräftige Personen die ganze gute Wirkung des Bades aufheben. Natürlich ist die Zeit, die man ohne Schaden im Wasser bleiben kann, länger als in den kalten Nord- und Ostseebädern; aber eine halbe Stunde sollte sie in keinem Falle überschreiten. Allgemeine Regeln lassen sich freilich nicht geben. Wieviel der Einzelne sich erlauben darf, kommt auf den Zustand seiner Organe an. Nicht weniger wird gesündigt auf dem Gebiete des anschließenden Sonnenbades. Das Streben, sich das obligate Dunkelbraun des Lidokurgastes zu rasch anzueignen, führt oft zu bedenklichen Folgezuständen der Hautverbrennung. Ich habe Fälle gesehen, die den Unvorsichtigen tagelang mit Fieber ans Bett fesselten. Auch das Liegen im feuchten Badeanzug am Strand in der Sonne ist nicht für jedermann unschädlich.

In den einzelnen Monaten der Badezeit bekommt der Strand ein ganz verschiedenes Gepräge. Bis Ende Juni tritt der Venezianer zurück. Es ist für ihn eine alte Volksregel, nicht zu früh mit den Bädern zu beginnen, jedenfalls nicht bei weniger als 22° C. Zu dieser Zeit hört man am Strand nur wenig italienisch, sonst fast alle Sprachen. Erst von Ende Juni ab steigt mit der zunehmenden Wasserwärme auch die Zahl der badenden Italiener, und während vor einigen Jahren im Hochsommer der Lido vorwiegend italienisch war, sind jetzt auch den ganzen Sommer über alle Nationen vertreten. Im Frühherbst während des Monats September hört aber der Venezianer fast plötzlich zu baden auf. Der Termin dafür ist das erste starke Gewitter, das nach den heißen Augusttagen das erste Zeichen für das Ende der Sommerhitze bringt. Nachher noch zu baden, gilt für ungesund.

Diese Gesundheitsregel mag, wie viele andere, gewisse Berechtigung haben, mag teilweise auch mit den Schulferien und der Sitte vieler Venezianer, von Ende August an aufs Land zu gehen, zusammenhängen. Zum Teil beruht sie aber sicher auf einer gewissen Weichlichkeit und der Scheu, sich allzukräftigen Wirkungen auszusetzen. Doch ist keine Volksregel so tief eingesessen, daß sie einer Modeströmung Stand hielte, und in den letzten Jahren wird, wie ich selbst beobachten kann, jedes Jahr mehr dem Beispiel der Fremden gefolgt, die früh mit Baden anfangen und spät aufhören.

Außer der allgemeinen Badeanstalt des Stabilimento besteht noch eine zweite neuere, beim Hotel Excelsior, die den Vorzug hat, im Wasser selbst zu stehen, von der der Badende rascher ins tiefe Wasser kommt. Am nördlichen Ende des Badestrandes ist eine große Volksbadeanstalt.

Warme Seebäder sind während der ganzen Badezeit im Stabilimento zu haben, ebenso auch verschiedene medizinische Bäder. Auch für Hydro-, Elektro- und Bewegungs-Therapie ist am Lido gesorgt.

Wenn auch Unterhaltungen und Vergnügungen zu den nicht unwesentlichen Dingen gehören, die einen Seebadaufenthalt angenehm machen, so überlasse ich doch den Hinweis auf das, was der Lido hierin bietet, den Badeprospekten und erwähne nur den wesentlichen Punkt, der dem Lido einen besonderen Vorzug gibt, die Stadt Venedig selbst. Ein Seebad, daß neben seinen klimatischen Vorzügen eine so interessante Stadt in nächster Umgebung hat, darf man gewiß mit Recht als besonders bevorzugt ansehen.

Bei welchen Krankheitszuständen ist Venedig und der Lido ein günstiger Aufenthalt?

Das Zusammenwirken der vielen günstigen klimatischen Faktoren gibt Venedig und seiner Umgebung in den einzelnen Jahresperioden einen ganz verschiedenen Charakter. Seien es einzelne warme Wintermonate, sei es der milde Frühling und Herbst oder der warme Sommer mit seinen Seebädern, fast das ganze Jahr über bietet Venedig-Lido dem einen oder andern Kranken Erholung und Heilung. Die klimatischen Unterschiede zwischen der Stadt und dem Lido sind nicht groß genug, um eine gesonderte Besprechung beider Orte in ihren Beziehungen zu Krankheiten zu rechtfertigen. Der freier gelegene Lido ist im Sommer naturgemäß kühler, windiger, dafür die Stadt in den kühleren Monaten geschützter als der zu dieser Zeit rauhere Lido. Im Frühjahr und Herbst ist es Sache persönlicher Vorliebe, ob man hier oder dort sich besser fühlt. Bei besonders empfindlicher Konstitution ist das Wohnen an den warmen geschützten Südufern der Stadt entschieden mehr zu raten.

Man zählt Venedig-Lido zu den mittelfeuchtwarmen Küstenorten. Orte die diese Vorzüge besitzen, sind nicht sehr zahlreich, die meisten schwer zu erreichen. Zu den entfernteren gehört Gibraltar und Cadix, Tanger, Algier, Lissabon, zu den näheren außer Ajaccio, Palermo, Catania eigentlich nur die Küstenorte des Adriatischen Meeres. Doch ist jeder dieser Orte eine Individualität für sich, und ich habe früher ausgeführt, daß auch West- und Ostufer des Adriatischen Meeres einen sehr erheblichen klimatischen Unterschied zeigen.

Ein Grundzug der gesamten klimatischen Faktoren Venedigs ist die sedative Wirkung. Es dankt sie teils dem Mangel an schroffen Übergängen und Extremen in der Atmosphäre: Temperaturen, Feuchtigkeit, Winde, Luftdruck, teils dem besonderen

Charakter der Stadt, der Ruhe und Stille in den Straßen und auf dem Wasser. Auch in dieser Richtung ist man heutzutage berechtigt, die Automobilfreiheit als einen besonderen klimatischen Faktor zu erwähnen, der Venedig und auch dem Lido wohl auf die Dauer erhalten bleibt. Als Klimakurort eignet sich Venedig-Lido weniger für solche, die starke körperliche Reize, Anregung der Haut, der Nerven und der Blutzirkulation brauchen, sondern mehr für die, die solcher Reize zu viel haben, die empfindlich und überreizt sind, die starke Anregungen nicht aushalten können, u. a. für zarte Frauen, Rekonvaleszenten, für ältere Personen und nicht zum wenigsten für Kinder. Es wird immer von der Individualität des einzelnen Kranken abhängen, ob ein Kurort passend für ihn ist, und es bleibt eine wichtige Pflicht des beratenden Arztes, je nach dem Zustand eines Klimas für jeden einzelnen Kranken sein Klima zu finden. Wenn ich deshalb im folgenden einige Krankheitsgruppen und typen heraushebe, für die ich Venedig-Lido in den verschiedenen Monaten für besonders geeignet halte, so sollen es nur Anhaltspunkte allgemeiner Art sein. Die strengere Auswahl ist Sache des einzelnen Arztes.

Alle die Schädlichkeiten, die bei Krankheiten der Atmungsorgane der Leidende zu vermeiden hat, jäher Witterungswechsel, scharfe, kalte Luftströmungen, rasche Temperatursprünge, Fabrikrauch, Straßenstaub fallen hier völlig weg, und ein mittlerer Grad von Luftfeuchtigkeit begünstigt die Sekretion, wie z. B. bei dem trockenen Katarrh der Emphysematiker. Weniger geeignet sind nur Katarrhe mit sehr profuser Sekretion. Während im Sommer die beste Art Luft und Sonne zu genießen, das Leben am Strand ist, so bietet Venedig auch für alle übrigen Monate des Jahres eine ihm ganz eigentümliche Möglichkeit zu Luftkuren:

Die Lagunenfahrten.

Für chronische Katarrhe und die Disposition dafür, vor allem für tuberkulöse Spitzenkatarrhe, gibt es wohl kaum eine wirksamere Behandlungsart als Seereisen. Und dieser Weg, die reine Seeluft zu genießen, würde gewiß viel häufiger eingeschlagen werden. wenn nicht die Unbequemlichkeit hohen Seegangs, die Seekrankheit, das Lästige des Kajütenlebens viele von einer Seereise abschrecken, für andere sie sogar direkt gefährlich machen würden,

Auf der Lagune lassen sich die Vorzüge einer Seereise im kleinen genießen. Sie zeigt nie einen Wellengang, der zur Seekrankheit führen würde, selbst nicht bei starkem Wind. Bei den Wind- und Wasserverhältnissen der Lagune hat die Luft fast dieselben Eigenschaften wie die reine Seeluft. Die weiche Bewegung der Gondel, in der man halbliegend sitzt, ist selbst für die schwächsten Kranken viel weniger anstrengend als jede Wagenfahrt, und bis der Leidende sich an die Seeluft gewöhnt hat, kann die Fahrt nach Zeit und Auswahl der Route genau dosiert werden. Es versteht sich von selbst, daß die Fahrten, wenn es das Wetter irgend erlaubt, in offener Gondel gemacht werden. In warmer Kleidung bei guter Einhüllung in Decken ist Erkältung ganz ausgeschlossen. Für eine wirksame Seeluftkur müssen diese Fahrten natürlich stundenlang ausgedehnt und vorwie nachmittags gemacht werden. Für längere Fahrten lassen sich die die Lagune nach allen Richtungen durchkreuzenden Dampferlinien benutzen (vgl. die Dampferrouten auf der Karte), oder man kann zwischen die Dampferfahrten stundenlange Spaziergänge am Meeresstrand einschieben. Will man noch etwas weiter gehen, so bieten bei ruhigem, glattem Meer Fahrten auf der Adria nach Triest oder Fiume Abwechslung und Ergänzung. Vereinigt man damit Wohnen in einem nicht zu tief gelegenen Südzimmer, so gibt eine solche Lagunenfahrtenkur einer Seereise an Wirkung nichts nach, hat aber dafür viele Vorzüge der Bequemlichkeit.

Für katarrhalische Zustände eignet sich die Stadt eigentlich das ganze Jahr durch, da die Feuchtigkeit der Luft nie auf die Dauer sehr nieder wird. In den ersten Jahresmonaten und im Spätherbst ist Venedig, von Mai bis Anfang Oktober auch der Lido für Kuren dieser Art geeignet. Es gibt Kranke mit chronischem Hustenreiz, die jährlich ein paar Monate in Venedig zubringen und das ganze übrige Jahr sich nicht so frei fühlen wie in dieser Zeit. Vor allem ist Venedig ein heufieberfreier Platz par excellence. In weitem Umkreis entfernt vom Land hat die Stadt selbst kaum einen Grashalm. Das Grün auf dem Lido besteht in Bäumen und Gemüsegärten. Auch in den zunächst angrenzenden Teilen des Festlandes sind wenig Wiesen und Feldflächen, und die Landwinde, die Pollenkörner herübertragen könnten, sind ziemlich selten. Auch ist die Grasblüte zu einer Zeit, wo sie im Norden noch nicht angefangen hat, im Veneto schon vorüber.

Bei Bronchialasthma stehen wir denselben Erfahrungen gegenüber wie sonst überall. Es gibt für diese Kranken kein spezifisches, sondern nur ein individuelles Klima, und wenn zweifellos manche Asthmatiker hier sofort Anfälle bekommen, so fühlen sich andere wieder recht wohl. So rasch ich ersteren wegzugehen rate, so ist ein Versuch mit dem hiesigen Klima bei Höhenintoleranz durchaus am Platz. Ähnlich verhält es sich mit rein nervösem Asthma.

Bei tuberkulösem Spitzenkatarrh, mehr noch bei ausgedehnter Tuberkulose der Lunge mit ausgesprochenen klinischen Erscheinungen läßt sich ein Ort als solcher seines Klimas wegen nicht unbedingt empfehlen. Die Zeitrichtung geht mit Recht in der Behandlung der Tuberkulose darauf hin, die Kranken möglichst auf einzelne Punkte zu konzentrieren, und die Abneigung so vieler Kurorte, Hotels und Pensionen, solche Kranke aufzunehmen, unterstützt diese Richtung durchaus. So ausgezeichnet die Seeluft auf Tuberkulose hier wirkt, so fehlen doch vor allem die Vorrichtungen zur Beherbergung Tuberkulöser ohne Gefährdung der Gesunden. So gut im Einzelfall ein Aufenthalt im Winter von Januar an und in den warmen Monaten (mit Ausschluß der rauhen Spätherbstmonate) wirken kann, so müssen doch schon sehr „beredte" Momente mitwirken, um die Furcht der Italiener vor „malattie infettive" zu überwinden. Bei starkem Auswurf ist die Feuchtigkeit der Luft auch nicht gerade förderlich. Schwer Tuberkulöse, die ohne genaue Kenntnis und Vorausbestimmung der Wohnung hierher gekommen sind, haben oft schon sehr böse Erfahrungen zu machen gehabt, und vor allem werden sie vom Beginn der eigentlichen Saison an sehr ungern geduldet.

Ganz anders ist es mit leichten Spitzenkatarrhen ohne oder mit unbedeutendem Husten und ohne Auswurf, bei Kranken, die körperlich kräftig und leistungsfähig sind und bei latenter Tuberkulose. Für Kranke dieser Art ist Venedig und Lido außerordentlich geeignet und angezeigt. Gerade für diese Kranken ist die Möglichkeit, auf Gondeln und Dampferfahrten fast den ganzen Tag auf dem Wasser die reine Seeluft zu genießen, besonders wertvoll. Die Steigerung des Appetites durch den dauernden Aufenthalt in der Seeluft bei einer solchen „Gondelkur" ist eine mächtige Unterstützung der Diätkur. Auf die Beeinflussung lokaler Tuberkulosen ohne Beteiligung der Lunge komme ich bei den Kinderkrankheiten zurück.

Eine weitere Krankheitsgruppe, für die Venedig mit Recht größten Ruf genießt, sind nervöse Zustände, soweit sie nicht sanatoriumsbedürftig sind, vor allem Reizzustände, die sich aus Überarbeitung, lärmender Umgebung, aus deprimierenden Erlebnissen in Beruf und Familie, Vererbung und übermäßigen Genüssen ergeben. Hier tut die beruhigende Wirkung des Klimas Wunder. Wichtig ist für solche Zustände fast jede kleine Einzelheit, Lage und Wahl des Zimmers, entfernt von dem bescheidenen Lärm, der auch hier nicht überall zu vermeiden ist, Wahl der Spaziergänge, der Fahrten, der Besuche von Sehenswürdigkeiten usw. Recht am Platz ist auch hier wieder die weiche Bewegung der Gondel. Der Amerikaner weiß schon längst, wie gründlich er hier sein „nervous prostration“ oder „broken down nerves“ ausheilen kann. Viele Neurastheniker kommen regelmäßig hierher. Auch die erethischen Formen der Hysterie können hier gut beeinflußt werden, doch ist gerade bei diesen so unberechenbaren Zuständen oft schwer zu sagen, inwieweit die Heilwirkung dem sedativen Charakter des Klimas zuzuschreiben ist und inwieweit der Klimaänderung überhaupt. Wenn solche Kranke Venedig oder den Lido der Gesundheit wegen aufsuchen wollen, muß vor allem der Hausarzt, der sie und ihre sonstigen Interessen genau kennt, auf Grund der Beurteilung des Klimas und der sonstigen Eigenart Venedigs entscheiden, ob ihm Venedig für den einzelnen Fall geeignet erscheint.

Ich schließe hier einen anderen Folgezustand starker Überanstrengungen und Überreizungen an, die Arteriosclerose der späteren Jahre, die in ihrer Ätiologie so viel mit nervösen Reizzuständen gemeinsam hat. Hier muß die Einwirkung ungleich länger dauern, wenn sie Erfolg versprechen soll. Eigentlich gehört diese Krankheit sonst nicht zu den Zuständen, die speziell klimatisch behandelt werden. Ich erwähne sie aber aus einem besonderen Grund. Die Tatsache, daß in Venedig besonders viele alte Leute zu finden sind — eine schon in frühesten Zeiten gemachte Beobachtung — findet ihre wahrscheinliche Erklärung darin, daß die atheromatösen Veränderungen der Gefäße hier besonders ungünstige Verhältnisse zu rascher Verschlimmerung vorfinden. Die milden Übergänge und der Mangel an Extremen im Klima, die Behaglichkeit in der Lebensführung der Bewohner, die Art des Verkehrs in Straßen und Kanälen, die Eile und Hast von selbst verbietet, die Ruhe in der Stadt und auf dem Wasser sind alles Dinge, die im vollen Gegensatz zu einer Reihe von Einwirkungen stehen, die eine Weiterentwicklung der Arteriosclerose begünstigen, und es ist sehr verständlich, daß alte Leute, die ständig hier leben, sich langsamer verbrauchen. Diese gute klimatische Wirkung ist auch immer rein empirisch von einer Anzahl Nicht-Venezianer und Nicht-Italiener gefunden worden, die dauernd oder jährlich mehrere Monate hier wohnen.

Daß viele Diabetiker sich hier nicht nur subjektiv besonders wohl fühlen, sondern auch objektive Besserung in der Verminderung der Zuckerausscheidung oder dem Verschwinden des Azetons zeigen, erkläre ich mir aus den vielfachen Wechselwirkungen zwischen Nervensystem und Zuckerstoffwechsel, besonders bei den ausgesprochenen neurogenen Formen und aus dem guten Einfluß des Klimas auf die nicht selten den Diabetes begleitenden atheromatösen Veränderungen.

Für Gichtiker ist im allgemeinen das Klima zu feucht. In den heißen Monaten Juli und August, die geringere Feuchtigkeit haben, werden allerdings Gichtschmerzen oft gut beeinflußt. Es ist nur die Frage, ob die Kranken aus anderen Gründen die Hitze gut ertragen, was bei den Fetten unter den Gichtkranken nicht zutrifft.

Für Chlorose und andere anämische Zustände[1]), für die die Erfahrung zeigt, daß Klimawechsel überhaupt gut wirkt, ist bei dem geschilderten klimatischen Charakter Venedigs vor allem eines ausgezeichnet, die Möglichkeit, sich lange dauernd, man kann sagen, Tag und Nacht im Freien aufzuhalten. Die fast ununterbrochene Reihe schöner und sonniger Tage in den Sommermonaten macht kein tage- oder wochenlanges Zuhausesitzen nötig, das häufig die Früchte eines längeren Kuraufenthaltes im nördlichen Klima zunichte macht. In ähnlicher Weise — durch Verbindung von Liegekur, Luft und Sonnenbad, die Ruhe und Stille, sowie den Klimawechsel überhaupt — erkläre ich mir auch die günstigen Wirkungen bei vielen Frauenleiden, chronischer Metritis und Endometritis, chronischer Oophoritis, Menorrhagien und Dysmenorrhoe, vor allem den Störungen, die im Zusammenhang mit

---

[1]) Nebenbei erwähne ich hier auch die große Fülle und Abwechslung in grünen Gemüsen, die der venezianische Tisch bietet.

Chlorose stehen, Wirkungen, die ich häufig zu beobachten Gelegenheit habe. Daß der Wert eines solchen Aufenthalts am Strand für diese Leiden noch nicht genügend erkannt und wissenschaftlich erforscht ist, erklärt sich leicht daraus, daß seit dem Anfang der aktiveren Therapie in der Frauenheilkunde das Interesse für die Beeinflussung chronischer Frauenleiden durch klimatische Behandlung in den Hintergrund gedrängt ist. Gewiß darf diese Behandlung niemals die aktive, lokale Therapie verdrängen, aber als Hilfsfaktor ist sie von großem Wert.

So auch für Nachkuren nach operativen Eingriffen nicht nur auf gynäkologischem, sondern auf allgemein chirurgischem Gebiet.

Die rasche Heilung von granulierenden Wunden und schwer heilenden Fisteln in reiner Seeluft bei viel Sonne ist ein Gebiet, das viel besser gekannt und wissenschaftlich erforscht ist. Wenn ich Venedig-Lido dafür besonders empfehle, so ist es außer eigenen Erfahrungen einfach die Tatsache, daß die Heilprinzipien: ein höchster Grad von Reinheit der Luft und eine Fülle von Sonnenschein, hier in ausgesprochenem Maße vorhanden sind.

Kinderkrankheiten.

Als Kinderbadeort besitzt der Lido, so jung er ist, bereits einen ausgedehnten Ruf. Die Stadt kommt, wenigstens solange die Lidosaison dauert, für Kinder weniger in Betracht. Das tägliche Hin- und Herfahren auf den Dampfern mit Kindern bringt viel Unbequemes mit sich. Die meisten Wohnungen in der Stadt sind für Kinder nicht sehr geeignet; auch sind nicht alle Hotels darauf eingerichtet, daß Kinder keine Störung machen. Dagegen besitzt der Lido eine jedes Jahr wachsende Menge von Wohnungsmöglichkeiten für Familien mit Kindern. Die Landhäuser haben alle Gärten; der Weg zum Strand ist kurz und bei der villenartigen Anlage des ganzen Lido überall frische Luft.

Es gibt wenig Krankheitszustände bei Kindern, die hier nicht gut beeinflußt würden. Es ist eine Freude zu sehen, wie blühend die blassen, schwächlichen Kleinen nach kurzer Zeit werden. Sehr selten habe ich Klagen darüber gehört, daß der Lidoaufenthalt einem Kinde nicht gut getan hat, und dann waren es gewiß Zufälle, die mit dem Lido als solchem nichts zu tun haben.

Ich erwähne zunächst von Kinderkrankheiten die neuro-lymphatische Diathese — eine der häufigsten Anzeigen überhaupt, Kinder in Seebäder zu schicken. Was solche Kinder brauchen, ist der dauernde Aufenthalt im Freien von morgens bis abends, Tag für Tag, und viel Sonne. Die Erfüllung dieser Bedingungen hängt aber ganz vom Wetter ab, und es ist für viele Seebadeorte, hauptsächlich unsere Nord- und Ostseebäder, eine leidige Beigabe, daß die Bäder und das Leben im Freien nur sehr unregelmäßig zu genießen und nicht voll auszunutzen sind. Selbst für Erwachsene, die sich in mannigfacher Weise die Zeit vertreiben, und bei jedem Wetter lange Spaziergänge machen können, kann schlechtes Wetter einen Badeaufenthalt vergällen. Wie viel mehr für Kinder, die nur unregelmäßig ihren Spielplatz am Strand benutzen können und oft tagelang im Zimmer bleiben müssen. Die Garantie für dauernd schönes Wetter ist im venezianischen Sommer fast absolut gegeben. Im Juli und August gibt es kaum eigentliche Regentage. Die Niederschläge bestehen meist in starken Abend- und Nachtgewittern. Mehrere aufeinanderfolgende Regentage sind ausgeschlossen. Auch im Juni ist Regen selten und lange Regenperioden nie beobachtet. Im September, dem Monate des Wechsels vom Sommer zum Herbst, ist stets der Anfang ähnlich wie der August, nur mit kühleren Nächten. Die zweite Hälfte zeigt häufiger Gewitter, denen immer wieder eine Reihe schöner Tage folgt. Die Bäder kommen für Kinder erst in zweiter Linie. Sie können je nach dem körperlichen Zustande des einzelnen Patienten seltener oder öfter mitten unter die Spielzeit genommen werden und haben, wie an anderer Stelle ausgeführt, die Wirkung von Solebädern. Das flache Gefälle des Strandes am Anfang schließt Unglücksfälle bei einiger Aufmerksamkeit ganz aus. Die Kleinen können im Wasser pantschen, wie in der Badewanne.

Denselben Wert hat das wochenlange Strandleben, dessen Wichtigkeit ich nicht genug betonen kann für andere Formen von Krankheitsgrundlagen, für Drüsenschwellungen aller Art, chronischen Kehlkopf- und Bronchialkatarrh und vor allem für Skrofulose und Rachitis. Für die Behandlung letzterer beiden Zustände besitzt die Stadt am Strand eine eigene Anstalt für arme Kinder. Von Zeit zu Zeit wird eine große Gruppe dieser Kinder für mehrwöchentliche Kur dorthin gebracht, und es läßt sich hier im großen beobachten, wie prächtig erholt die Kleinen nach wenigen Wochen vom Lido zurückkommen.

Gewiß müssen in der Wahl des Monats je nach dem einzelnen Fall Unterschiede gemacht werden. Im Juli und August ist der Lido wesentlich wärmer als die Ost- und Nordseebäder. Aber gerade diese Monate sind die stetigsten, und Kinder sind für Hitze viel weniger empfindlich als Erwachsene. Dank der dauernd bewegten Luft ist aber am Strand, von einzelnen Tagen abgesehen, keine drückende Hitze.

Für geschlossene Tuberkulosen anderer Organe, der Knochen, der Gelenke, der Nieren, für chronische Tuberkulose, Peritonitis ohne Laparatomie, oder als Nachkur nach dieser eignet sich der Lido vorzüglich. Da Kinder leicht transportiert werden können, lassen sich auch Zustände hier behandeln, die wegen der Schwierigkeit des Transportes bei Erwachsenen ausgeschlossen wären. Die große Menge kleiner Villen und Privatwohnungen mit Balkons und Terrassen eignen sich selbst für diejenigen unter den kleinen Kranken, die aus Rücksicht auf die gesunden Kinder nicht so leicht an den Strand gebracht werden können.

Literatur.

Aus der Fülle literarischer Quellen von alter und neuer Zeit, die der kleinen Studie zugrunde liegen, erwähne ich nur die wichtigsten. Besonderen Dank schulde ich dem Leiter des Observatoriums des Seminario patriarcale, Baron von Hönning, der mich mit seinem Rat aufs freundlichste unterstützt und mir die gedruckten und geschriebenen Tabellen des Observatoriums in entgegenkommendster Weise zur Verfügung gestellt hat. Für liebenswürdige persönliche Mitteilungen bin ich zu bestem Dank verpflichtet Herrn Prof. ing. G. P. Magrini sowie Herrn Prof. Dr. Raffaele Vivante, Chefarzt des Ufficio d'Igiene der Stadt Venedig, dessen gründliche Arbeiten zu den besten Quellen gehören.

1. Annuario statistico delle città italiane 1906.
2. Berti, sul clima di Venezia 1860.
3. Cadel e Gosetti, la fognatura delle città 1891.
4. Ceresole, della necessità di modificare il sistema di pulizia stradale di Venezia 1903.
5. Filiasi, memorie storiche dei Veneti primi e secondi 1796.
6. Filiasi, osservazioni sopra l'innalzamento del flusso maritimo nella laguna Veneta 1826.
7. Fischer, Untersuchungen über die Verunreinigung des Kieler Hafens. Zeitschr. f. Hygiene, Bd. 23, H. 1.
8. Goldscheider u. Jakob, Handbuch der physikalischen Therapie, Teil I, Bd. I, 1901.
9. Jahrbücher der K. K. Zentralanstalt für Meteorologie und Geodynamik. Wien.
10. L'ingegneria a Venezia nell' ultimo ventennio 1887.
11. Magrini, Ricerche lagunari, No. 1 u. ff., 1907 u. ff.
12. Pasqualigo, del Lido di Venezia etc. 1884.
13. Rubner, Lehrbuch der Hygiene 1907.
14. Sabadino, discorsi sopra la laguna 1550.
15. Sormani-Moretti, La provincia di Venezia 1880—1881.
16. Taussig, Venedig als Kurort 1853.
17. Tono, Sull 'abbassamento del suolo a Venezia 1885.
18. Trois e Vivante, Sull' inquinazione dei rivi e canali veneziani 1898.
19. Venezia e le sue lagune 1874.
20. Vivante, la malaria in Venezia 1902.
21. Zendrini, memorie storiche delle lagune 1811.
22. La nuova presa d' acqua per l' acquedotto di Venezia 1889.
23. Bolletino des Observatoriums im Seminario patriarcale 1886 ff.

Erklärung zur Übersichtskarte.

acquedotto = Wasserleitung
conterminazione lagunare = Grenze der Lagune
diga = Hafenmauer
faro = Leuchtturm
partiacqua = Wasserscheide
porto = Hafen
taglio = Durchstich, Kanal

(rot) Lagunengrenze
(rot) Dampferlinien
(schwarz) Wasserscheide
Eisenbahn
Trinkwasserleitung
Straßen ———— Wege
Elektrische Straßenbahn (die Straßenbahnlinie auf dem Lido ist des engen Raumes wegen nicht eingetragen)
„Tote Lagune“, laguna morta, barene s. S. 13.

Additional material from *Venedig und Lido als Klimakurort und Seebad vom Standpunkt des Arztes*,
ISBN 978-3-662-31788-4, is available at http://extras.springer.com

EXTRA MATERIALS
extras.springer.com

GPSR Compliance

The European Union's (EU) General Product Safety Regulation (GPSR) is a set of rules that requires consumer products to be safe and our obligations to ensure this.

If you have any concerns about our products, you can contact us on ProductSafety@springernature.com

In case Publisher is established outside the EU, the EU authorized representative is:

Springer Nature Customer Service Center GmbH
Europaplatz 3
69115 Heidelberg, Germany

Batch number: 10844623

Printed by Printforce, the Netherlands